国家自然科学基金委（项目号 71702170, 71772166）
浙江理工大学人文社科学术专著出版资金资助（2017 年度）

知识伙伴对企业创新绩效的影响研究

阳银娟　著

中国财经出版传媒集团

经济科学出版社
Economic Science Press

图书在版编目（CIP）数据

知识伙伴对企业创新绩效的影响研究/阳银娟著.
—北京：经济科学出版社，2018.3
ISBN 978 - 7 - 5141 - 9190 - 5

Ⅰ.①知…　Ⅱ.①阳…　Ⅲ.①企业创新 - 研究
Ⅳ.①F273.1

中国版本图书馆 CIP 数据核字（2018）第 070890 号

责任编辑：刘　莎
责任校对：隗立娜
责任印制：邱　天

知识伙伴对企业创新绩效的影响研究
阳银娟　著
经济科学出版社出版、发行　新华书店经销
社址：北京市海淀区阜成路甲 28 号　邮编：100142
总编部电话：010 - 88191217　发行部电话：010 - 88191522
网址：www. esp. com. cn
电子邮箱：esp@ esp. com. cn
天猫网店：经济科学出版社旗舰店
网址：http://jjkxcbs. tmall. com
北京密兴印刷有限公司印装
710 × 1000　16 开　13.25 印张　260000 字
2018 年 4 月第 1 版　2018 年 4 月第 1 次印刷
ISBN 978 - 7 - 5141 - 9190 - 5　定价：48.00 元
（图书出现印装问题，本社负责调换。电话：010 - 88191510）
（版权所有　侵权必究　举报电话：010 - 88191586
电子邮箱：dbts@ esp. com. cn）

前　　言

在全球经济发展中，创新是最有力的驱动力。为了应对不断变化的全球化格局，众多企业如宝洁、西门子、海尔等纷纷采取全球化开放式创新战略，以不同的方式从外部获取各种科学技术知识以及创新资源，并获得了巨大的商业成功。企业与企业之间的竞争已经不是其拥有的资源或者能力之间的竞争，而是其所在的商业生态系统之间的竞争。知识和信息的全球化流动使得中国企业不断融入世界企业的竞争大舞台，企业通过内部研发活动创造知识已经难以在竞争中获胜。因此，不断打破组织边界，与外部知识源主体进行合作，成为了众多企业提高创新能力的关键。

在此背景下，本书综合运用资源观理论、组织学习理论和交易成本理论，围绕"知识伙伴对企业创新绩效的影响机制"这一核心问题展开研究。具体而言，研究的问题包括：①相比产业伙伴而言，知识伙伴是如何影响企业创新绩效的；②不同的冗余资源条件下，知识伙伴对企业创新绩效的影响有何不同；③企业知识伙伴、产业伙伴如何影响企业的组织学习过程。

本书综合运用理论研究、探索性案例分析、层次回归分析和结构方程模型等研究方法，通过定性研究和定量研究相结合，对上述问题展开深入研究，主要得出以下研究结论：

（1）根据企业外部合作伙伴与企业的知识互补性以及协同程度的差别，我们将合作伙伴分为知识伙伴和产业伙伴两大类，并深入探讨了知识伙伴对企业创新的影响，通过案例分析以及实证研究表明了企业知识伙伴、产业伙伴对创新绩效有积极正向的影响，相比产业伙伴而言，知识伙伴对企业创新绩效的影响更大。本研究的这一研究结论突破了波特传统的"五力"竞争模型，因此，企业在开放式创新中应该重视知识伙伴，强化与知识伙伴之间的创新合作，建立跨产业边界的组织间研发网络以及研发实体，积极开展广泛的跨边界的技术交流与合作。

（2）研究还假设并检验了冗余资源对知识伙伴、产业伙伴与创新绩效关系的调节效应。研究结果表明，已吸收性冗余资源的正向调节知识伙伴与创新绩效的关系。未吸收性冗余资源在产业伙伴与创新绩效的关系中也起到了显著的正向调节作用。总体上，研究表明企业内部资源冗余越多，那么企业技术创新带来的正向作用越明显。

（3）最后，本研究假设并检验了组织学习能力对知识伙伴、产业伙伴和创新绩效关系的中介作用。研究结果表明，知识搜索获取能力、知识转移能力、知识整合运用能力对知识伙伴和创新绩效有部分中介作用，表明知识伙伴对创新绩效的正向影响可以部分通过组织学习理论实现。企业从知识伙伴那里获取得到的知识需要经过吸收、转化和应用后才能形成创新成果，但是在合作过程中对组织学习能力的促进作用可以有效提升企业的创新绩效。此外，知识搜索获取能力和知识整合运用能力对产业伙伴和创新绩效关系有部分中介作用，表明产业伙伴对创新绩效的正向影响可以通过资源观理论和组织学习理论两种途径产生。与产业伙伴的合作不但可以提升企业的知识搜索获取能力以及知识整合运用能力，而且能够为企业提供先进技术，对企业的创新绩效产生直接的促进作用，此外本研究还通过实证结果表明了相比企业与产业伙伴的合作而言，企业与知识伙伴的合作对企业组织学习能力带来的影响要更大。

上述研究结论深化了知识伙伴对企业创新绩效影响机制的理解，使得本研究具有了一定的探索意义。总的来说，本研究在以下三个方面进行了深化和拓展：

一、进一步丰富和完善了开放式创新理论

开放式创新理论认为企业的创新资源不仅来源于企业内部，同时也来源于企业外部。开放式创新为企业的内外部资源整合提供了一个新的视角。本研究基于企业与外部不同类型主体的合作以及互动，着重探索了外部知识伙伴对于企业组织学习能力以及创新的影响。在整合资源基础观、知识基础观、交易成本理论、企业战略观、创新生态观的基础上进一步阐述了企业在开放式创新中与知识伙伴进行合作的主要动因，为企业的开放式创新实践行为提供了更多的理论概念。

二、拓展了波特的竞争优势战略理论

波特竞争战略理论过分强调竞争，波特指出客户、供应商、潜在进入者、以及替代品都是"竞争者"都会影响企业之间的竞争程度。波特理论指出企业的战略行为能够影响企业在行业结构中的位置。波特战略理论忽略了企业与外部主体的合作对企业的影响，尤其是与外部知识伙伴的合作对企业竞争程度以及行业结构的影响。结合定性研究与定量研究，本研究的实证结果表明企业与外部产业伙伴的合作互动对企业的产品创新影响非常大，企业通过构建与知识伙伴的合作关系来进一步巩固、增强自身的竞争优势以及创新能力。企业的竞争优势不仅受到产业伙伴的影响，而且还受到企业外部知识伙伴的影响，企业与知识伙伴、产业伙伴合作互动的程度正向影响着企业的创新绩效。在市场中胜出的企业逐步演变成为合作性的组织共同体，而非封闭、层级结构的组织。本研究通过实证研究表明：企业通过与外部产业伙伴、知识伙伴进行深度合作互动，一方面，加速了知识的跨组织流动和知识分享；另一方面，也大大加快了各种创意的实现历程，缩短了企业进行创新的周期，为企业的战略选择以及行业定位提供新的参考理论依据。

三、进一步丰富了组织学习理论

本书通过整合组织学习理论后认为，知识伙伴对创新绩效的影响不仅包括提供异质性的创新资源，而且包含间接的组织间学习，并且与外部产业伙伴、知识伙伴的合作互动有利于企业构建可持续发展的开放式创新生态体系。研究通过实证分析证实了组织学习能力作为中介变量的可能性与作用机制，为企业的开放式创新的决策和实践提供了一个新的视角。

目 录
CONTENTS

第一章
绪　论

第一节　研究背景

一、现实背景

（一）建设创新型国家的迫切性

创新带来了国家的经济繁荣和持续竞争优势。在 2012 年世界知识产权组织（WIPO）国家创新能力排名中，新加坡、美国、德国、日本及北欧国家如瑞典、丹麦等排名均在前十位，在这些国家及地区，科学、教育、商业、政府和社会的协调发展取得了最佳成效。而中国的创新能力排名位于第 34 位，表明我国的创新能力还不够强。我国政府在 2012 年全国科学技术大会上提出：中国必须加大对创新创业的投入以及扶持力度，努力提高中国经济的创新比重，要在 2020 年步入创新国家行业。因此，我国不断加大对研发和发展的经费投入，研究开发经费所占国民生产总值比例由 2008 年的 1.47%，逐步上升到 2011 年的 1.84%。但是相比其他国家而言，目前我国国家研发与发展经费投入仍然不足，占国内生产总值相对偏低（见表 1.1）。相比美国、德国、日本等发达的国家而言，我国经济发展模式还是以引进、模仿生产为主，自主创新能力还亟待提升。作为创建创新国家的最重要的创新主体－企业，其发展盈利模式决定了国家的整体竞争能力。而目前我国大多数企业处于仍旧处于利润微笑曲线的底部，难以通过自身研发能力实现技术创新。

1

因此如何借助新的经济发展模式来提升创新主体——企业的创新能力，对于建设创新型国家具有重要意义。

表1.1　　　　2008～2011年各国研发投入占国内生产总值的比例　　　　单位：%

国家	2008 年	2009 年	2010 年	2011 年
中国	1.47	1.70	1.76	1.84
法国	2.12	2.27	2.24	2.25
德国	2.69	2.82	2.8	2.84
日本	3.47	3.36	3.26	3.74
美国	2.86	2.91	2.83	2.77
以色列	4.77	4.49	4.34	4.38

资料来源：OECD. 主要科学技术指标.2012，2.

此外，建设创新型国家离不开人才和教育。德勤企业在发布的《2013年全球制造业企业的竞争力指数》报告中指出人才驱动的创新是国家竞争力当中最重要的驱动因素，在人才驱动的创新维度上，中国得分仅为5.89分（满分为10分），远远低于德国（9.47分）、美国（8.94分）以及日本（8.14分），德国双轨制的职业教育以及产业与大学之间的紧密合作互动等使得德国在人才驱动创新能力方面名列前茅。因此，努力提高我国科研人才、技术专家对企业创新的贡献度对于建设具有国际竞争力的创新性国家意义重大。

在专利申请数量总量方面，2012年，中国的专利数量为434 373件，但是在全球排名前十五的其他十四个外国专利局申请的数量仅为18 544件（见图1.1）。尽管我国的研究人员数量现已占全球总量的1/5，但我国每百万人中研究人员数量仅为1 071件，远远低于同业平均值2 980人；就国内专利申请数量而言，中国已位居全球第一，但每百万人的专利占有数量仍较少，2010年中国每百万人的专利占有数量仅为65件，远低于德国（858件）、韩国（1 533件）、美国（613件）、日本（2 257件），并且能够有效应用于工业的重大发明专利并不多，其中最重要的原因是作为市场经济创新主体的企业与外部知识源主体的合作互动程度不高，创新能力还不够强。因此，要建设新型的创新型国家，我国必须进一步提升市场经济中作为创新主体的企业的创新活力和价值创造能力。

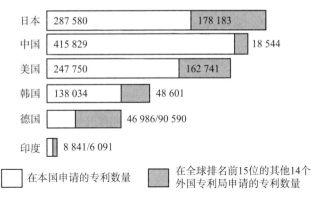

图 1.1　专利申请数量以及申请地排名中的领先国家

资料来源：2012 年创新指数报告 .

（二）经济危机后中国制造型企业面临的挑战与机遇

　　长久以来，我国经济发展模式主要是粗放型，经济的增长大多依赖于资源的消耗或以环境污染为巨大代价。而我国制造企业一直处于产业微笑曲线的低端，出口的产品主要为玩具、服装等科技含量较低的产品，所获利润极为低下。国内大多数制造型企业为国外品牌企业的代工厂，仍然没有掌握领先的科技研发实力以及技术创新能力。而经济危机以后，商业竞争的复杂性以及全球化给企业带来了新的挑战。一方面，随着我国工业经济结构的调整，经济逐步由"粗放型"转化为"集约型"，因此市场对高性能的、中高端驱动产品的需求提升，而低端驱动市场的增长率下滑。因此，我国制造型企业需要提升高性能的复杂产品的制造能力，转型面向中高端市场。另一方面，随着中国工人工资成本的急剧上涨，中国的人口红利的逐渐消失，低成本生产的优势不再持续。2010 年，中国的工厂创造一美元销售额的成本，比美国的工厂低 12% 左右，但是，到 2020 年，这种成本差距将缩小至 5%。对一些以出口为导向的中国制造企业来说，将面临更加艰难的生存处境。总体而言，中国制造业正面临着前所未有的挑战，受到高端制造业向美国、德国、日本等发达国家回流，低端制造业向越南、泰国、老挝、印度这些低成本国家转移的双重挤压。但经济的全球化也为中国制造业带来了新的机遇，经济全球化使得人才、资本、技术能够在全球范围内自由流动，中国制造型企业能够借助外部力量来提高自身的知识存量和流量，来弥补研发的短板，学习和借鉴发达国家的开放式创新，提高产品的科技含量，推进两化深度融合，具有十分重要的现实意义。

（三）全球化背景下企业创新之道

基于互联网的信息技术加速了知识、信息和技术的全球化流动，并且大大缩短了企业知识更新周期。企业作为运用知识、创造知识的主体[1]，单独通过自身内部的力量已经难以获取创新所需的全部知识。此外，随着物联网以及制造业服务化的发展，同时也宣告着第四次工业革命的到来，第四次工业革命是以智能制造为主导的、通过充分利用信息通信技术和网络物理系统等手段，将制造业向智能化转型。制造型企业 CEO 们已经认识到，想要在"工业 4.0"时代与时俱进，适应日益复杂的全球化动态商业环境，他们必须运用内外部知识进行持续创新。西门子通过建立全球化的紧密结合的技术网络，使得供应商、用户，以及企业研发中心实现知识和信息的实时分享，极大地提高了庞大生产线的可靠性以及追溯性。很明显，随着产品生命周期不断缩短、商业环境动荡性不断增强，制造型企业面临着重新洗牌的挑战，制造企业单独通过内部研发进行创新已不能帮助企业维持其竞争优势。创新不再纯粹是企业内部的事情，企业外部连结以及合作情况同样扮演着重要的角色[2,3]。知识和信息的全球化流动使得中国制造企业不断融入世界企业的竞争大舞台，中国制造业也朝着智能化、网络化、数字化的方向发展，不断打破组织边界，与外部智库、创技术中介机构、高校、研究院所等知识密集型组织进行合作来提高产品的高科技含量，成为了众多中国本土企业获取前沿科学技术知识和信息的主要途径。

二、理论背景

（一）企业创新管理研究的趋势

熊彼特在 1912 年出版的《经济发展理论》中第一次提出了"创新理论"，他指出企业家是经济发展中创新的主体[4]。后来的研究者们试图从不同视角理解创新管理的内在规律以及过程，使得创新日益成为一种显学研究。如克里斯托夫·弗里曼（Christopher Freeman）提出的国家创新理论、詹姆斯·厄特巴克（James Utterback）的基于主导设计理论的产品及过程创新的动态过程、戴维·迪斯（David Teece）的企业动态能力发展理论、埃里克·冯·西普尔（Eric von Hipple）的民主化创新、克里斯汀生（Clayton Christensen）提出的破坏式创新理论、亨利·切萨布鲁夫（Henry Chesbrough）提出的开放式创新理论等。创新管理的发展趋势也逐步从产品创新、工艺创新逐渐走向商业模式创新、从封闭创新走向开放创新乃至协同创新、从渐进式创新逐渐走向突破型创新、从基于技术的创新逐渐走向基于科学的创新、从国家创新体系逐渐走向创新生态系统建设[5]。整体看来，创新管理研究的特征逐步由封闭走向开放、由局部的产品及工艺创新研究走向整体创新生态系统层面的研究（见表1.2）。因此，企业的发展模式也逐步由传统工业时代的业务导向发展模式转向以自身为中心的开放式创新发展模式，通过与外部不同类型主体进行高度合作互动，来提高自身整体创新生态体系的运作效率。

表 1. 2 　　　　　　　　　　　**创新管理研究的趋势**

创新管理研究的趋势		
产品＼工艺创新到商业模式创新	产品或工艺创新 聚焦于开发新产品或者改进新的工艺流程来实现创新	商业模式创新 企业价值创造提供基本逻辑的创新变化
封闭式创新到开放式创新	封闭式创新 企业通过增强自身内部的研发投入取得基础性技术突破，从而提高产品或服务的质量和性能，实现更高的利润。接着再投资于更多的内部研发项目，进而带来新一轮的技术突破与新产品推广，形成一个良性的循环	开放式创新 开放式创新强调企业打破组织边界，进行内外部创新资源的整合以及有价值的创意的商业化。企业内有价值的创意或知识不仅来源于内部，而且可以来源于外部主体如客户、供应商、政府机构以及技术中介机构等
渐进式创新到突破型创新	渐进式创新 渐进式创新是在已有市场或技术，组织过程范畴内的创新，其市场风险和财务风险相对较低	突破型创新 突破型创新是开发全新的产品、过程或概念，根本性的改变现有市场或行业的需求
基于技术的创新到基于科学的创新	基于技术的创新 通过技术的进步来进行产品或者工艺流程的创新，进而缩短创新成本，提高创新效率	基于科学的创新 对于科学研究有着很强的依赖性，是直接由基础研究和科学知识所推动的
国家创新体系到创新生态系统构建	国家创新体系 国家范围内的官、产、学、研具有独立的功能的创新组织体，只有有效地建立这四大创新组织并协调其和谐发展，才能够进一步促进更完善的国家创新体系	创新生态系统 创新生态系统强调在这个系统内部成员企业可以通过合作来创造单个企业无法独立创造的价值[6]

资料来源：陈劲. 创新管理及未来展望［J］. 技术经济，2013，32（6）：1-9.

（二）企业创新的知识源

企业试图通过不断的增强自身科研实力，从内部不断识别、产生新想法来进行创新。企业能够从自身发展起来的知识中获利，然而同样的知识以及固有组织惯例却可能阻碍产品创新[7]。逐渐，学者和管理实践者们逐渐发现了有价值的知识可能存在于组织外部[8]，获取并整合这些知识对于企业的创新绩效尤为关键[9]。创新，尤其是最重大的创新，总是涉及不同类型的知识的创新组合[10,11]，而这些不同类别的知识通常存在于企业之外。如涉及客户需求偏好改变的市场类知识、行业内技术前沿变化的科学类知识，以及有关于政治、经济变革的政策类知识，这些知识通常都是以动态的方式存在于企业外部主体当中，随着知识更新速度的加快以及复杂程度的增加，企业依靠内部的知识存量来应对不断动荡的环境愈加困难。因此，如何从企业外部获取、吸收、转化运用这些不同类型的知识变得尤为重要。通常外部知识源又可以分为外部市场类、公共机构类以及综合信息类三大类（见表1.3）。其中外部市场类主要包括用户或经销商、用户或经销商、设备、原材料供应商、竞争对手、行业内其他企业、咨询顾问/咨询公司六小类。公共机构类主要包括有大学以及其他高等院校、政府/公共研究院、私人非营利性研究所、专门的公共创新服务机构四小类。综合信息类主要有专利信息、专业论坛、学术会议、著作以及刊物、交易会或博览会、行业协会及工会、其他协会或者组织、标准或标准化组织、非正式关系网络、公共规章条例八小类。学者们认为企业外部正式关系化的渠道，如联盟合作、正式培训课程，对组织内部知识的影响要远远大于外部非关系化渠道，如行业协会刊物、学术期刊信息等[12,13]。尽管大部分企业管理者们意识到了外部知识对于企业内部创新的重要性，但是在本研究的调研研究结果中，仅有11.5%的企业与外部知识源主体建立了有效的合作机制来探索、挖掘并开发外部知识。在互联网时代，显性知识扩散速度极快，为企业创造的边际效益日益递减。而隐性知识的获取以及转移扩散成为了企业创新的关键。隐性知识的转移和扩散需要依靠正式化合作关系的构建以及技术人才的跨界流动，因此，企业如何通过有效的合作机制获取外部的隐性知识对于企业的技术创新变得愈发重要。

表 1.3	企业外部知识源
外部市场类	1. 用户或经销商 2. 设备、原材料供应商 3. 竞争对手 4. 行业内其他企业 5. 咨询顾问/咨询公司 6. 商业实验室
公共机构类	7. 大学以及其他高等院校 8. 政府/公共研究院 9. 私人非营利性研究所 10. 专门的公共创新服务机构
综合信息类	11. 专利信息 12. 专业论坛、学术会议、著作以及刊物等 13. 交易会、博览会等 14. 行业协会、工会 15. 其他协会或者组织 16. 标准或标准化组织 17. 非正式关系网络 18. 公共规章条例

资料来源：Organisation for Economic Co-operation and Development. Oslo manual：Guidelines for collecting and interpreting innovation data［M］. OECD publishing，2005.

第二节　问题的提出

一、企业合作创新的动力

知识作为新技术和创新的基础和支柱，其创造过程变得愈加复杂。为了获得与之互补的能力和资源，企业不断跨边界寻求有价值的知识和技能[14]。随着竞争环境动荡性日益增加，产品和技术生命周期逐步缩短，迫使企业不断重新思考它们的创新战略来拓展技术基础[15]。在这种商业环境下，合作创新活动被认为是复杂研发工业组织以及创新过程的有效的路径，因此，如何与外部组织进行合作对于企业的创新变得至关重要。与其他企业或者机构合作有助于获取互补性的技术资源（如技能分享），可以加速产品创新以及过程创新，拓宽市场渠道（更好的市场准入条件），获取规模和范围经济，分担研发成本以及并减低创新风险[16,17]。此外，企业与外部合作伙伴合作过程会有紧密的知识交换以及组织学习过程，有助于互补性资产的开发和利用，并实现互补性资产的协同作用[14,18]。创新合作过程有助于知识的积累，并且这些知识又能够转变成为新技术以及组织创新，扩展了企业进行技术选择的范畴[19,20]。戈恩斯·卡斯（Gomes Casseres）指出，相比没有外部合作的企业而言，参与联盟或者合作活动的企业有更密集的知识流动[21]，资源基础观认为企业的目标是通过利用以及改进其资源或能力来最大化企业自身的利润[22]。其中一个方式就是与外部的伙伴进行合作并且交换知识。资源基础观认为企业进行联盟合作的关键动力在于获取外部伙伴的能力，为了获取规模效应，开拓新市场以及开发新的商业机会，众多跨国企业纷纷与外部其他组织建立了愈来愈多的合作关系[20]。

企业通过正式或非正式的合作活动比如共同营销，共同生产，共享资源以及共同开发等与外部组织建立联系[23]。企业创新过程也逐渐由内部研发活动导向了与外部合作、研发外包以及技术导入，并且逐渐形成了开放式创新模型[24,25]，在新的情境下，内部研发和外部创新源输入，被认为是互补而非替代。因为内部创新活动可能与外部的技术或者知识协同或者是兼容的[26-28]。

合作创新是获取一个知识流动以及保护内部知识不被外泄的平衡。合作创新活动被认为是溢出效益的交易，企业能够从它们的合作伙伴中获得溢出知识。为了最大化获取外部合作伙伴的溢出知识，企业必须建构良好的治理结构来管理外部知识流。与此同时，企业必须监管并控制他们的知识溢出至竞争对手。科亨（Cohen）认为，当企业提高自身内部研发能力时候，外部知识对于创新过程更为有效[8]，吸收能力越强，那么企业更容易从外部得到并获取知识[8,29]

企业从外部获取知识的能力对于企业创新绩效有正向的影响，而且与企业与外部企业或者机构进行正式的合作研究相关联[30]。联盟使得企业有机会开发互补性的资产[31,32]；但更为重要的是，联盟提供了企业有效获取或者得到新知识的重要途径[16,33,34]。知识基础观认为知识有利于战略机会的挖掘并且代表着新利润的来源[35]。众多研究都表明外部知识是挖掘利用战略性机会的重要来源[36,25,37]。尽管如此，在中国企业的研究情境下，合作创新理论与实践存在脱节。对于大多数中国制造型企业而言，对于外部合作创新仍顾虑重重，真正将合作创新作为企业创新发展战略的企业还为数不多。因此，本研究采用中国制造型企业作为研究对象，拟通过实证研究探索外部合作伙伴对于企业创新绩效的实际影响。

二、目前理论研究的不足

尽管已有研究探索了企业间的伙伴关系是如何影响到企业创新的，但是没有得出一致的结论，总体说来，已有理论研究存在以下不足。

首先，针对外部不同类型的主体对制造业企业创新绩效的影响缺乏统一的实证研究结论。尽管很多研究表明企业拥有的伙伴越多，创新绩效越好[16,38]，但也有研究表明了是企业从外部伙伴中获取得到的知识的深度[39]和多样性[33,40]影响到创新绩效，而不是拥有的伙伴的数量本身。因此，企业所有的伙伴的数量并不能很好地代表所获取得到的知识的容量、质量和多样性。但也有研究表明过度依赖合作伙伴会对企业产生负面的影响[41-43]，因为维系组织间关系间关系的成本要大于知识创造带来的好处。但也有研究表明过度依赖外部知识会削弱核心竞争优势[44]，奥拉麦斯（Oerlemans）以及法瑞尔（Freel）认为企业内部资源才是企业创新绩效的主要决定因素，外部创新网络对创新绩效的影响极为有限[45,46]。黄（Huang）认为与外部的探索性联盟（如与高校、研究院所的联盟）对创新有负面的影响[47]。因此，针对外部合作伙伴与创新的关系还缺乏统一的研究结论。

其次，现有研究中现有研究对于开放式创新中知识伙伴的概念、内涵和维度划分还缺乏清晰的认识。随着知识经济的到来，企业之间的竞争逐渐转变成为了基于知识的竞争[48]。知识成为了企业最有价值的资产，企业获取、吸收、应用知识的能力决定了企业的核心竞争能力[49]。在传统的工业经济背景下，产品生命周期较长，客户需求偏好相对稳定，企业只需通过内部研发就能及时满足客户的需求。而随着商业环境的动荡性的增强，企业通过内部研发生产创造知识的效率大为下降，成本逐年上升，因此，不得不设法从高校、研究院所、智库、创新中介机构获取知识。尽管现有研究对产学合作[50,51]、技术联盟[35]、合作伙伴关系[52]、外部知识网络[53,54]等进行了深入的研究，但是研究较为分散，还缺乏一个明晰的概念来分析企业知识伙伴的构成以及其对企业创新的影响。

最后，针对企业开放式创新实践还缺乏一个统一、整合的理论基础。不同的研究分别从不同的理论视角对企业合作创新的动机、合作伙伴选择准则、合作伙伴对创新的影响作出了研究，如交易成本观认为伙伴关系是优于市场、层级的一种有效降低费用的管理模式。资源基础观则认为企业间的资源的互补性以及异质性是企业寻求外部合作伙伴的重要动因[54]。组织学习理论则认为由于不同组织拥有的知识的存量的差异性，在互动过程中产生的知识溢出有利于组织的长期学习效益的提高[55-57]。动态能力观则认为企业的竞争优势取决于企业有效的整合、建设、重新配置组织内部以及外部资源的能力，与外部不同组织的合作有利于企业动态能力的提升[58-60]。

尽管资源基础观、组织学习观以及动态能力观强调了组织间合作为企业带来的优势，但是其忽略了企业在进行外部知识搜索、知识转移时带来的交易成本劣势。相比内部研发而言，从外部获取创新资源会带来管理以及协调成本的增加。因此，本研究结合不同理论视角，根据企业与外部合作伙伴的学习模式的不同，拟进一步研究企业的外部知识伙伴对企业的创新绩效的影响。

三、拟研究的主要问题

基于上述现实和理论背景，借鉴和融合知识观理论及组织学习观等理论，本研究提出并拟解答如下研究问题：

（1）如何从知识观的视角界定知识伙伴？相比企业的产业伙伴而言，知识伙伴由哪些构成要素？开放式创新模式下，创新不仅来源于企业内部，而且来源于企业外部，企业逐步从寻求内部技术开发转变为寻求外部合作者，以便于获取到互补性资源，缩短创新周期，提高创新效率。现有研究强调了外部合作主体对于企业创新的重要性和影响，但大多偏向于产业价值链合作以及产学合作，而较少有研究将两者结合起来，本研究拟进一步探索企业如何通过与知识伙伴、产业伙伴的合作互动来提升企业的整体创新绩效。

（2）知识伙伴如何影响企业创新绩效？一方面，企业不断寻找外部知识伙伴，试图与其建立合作或者联结关系；另一方面，信息不对称以及道德风险迫使企业在选择外部知识伙伴时更为谨慎，与知识伙伴合作互动程度的不同对于企业的组织学习过程以及创新绩效有着重要的影响。本研究拟通过探索性案例与理论推导的研究方法，探索企业与知识伙伴的合作互动程度对于企业创新绩效的作用机理模型，并通过问卷调查和统计分析加以检验和修正。

（3）企业冗余资源如何影响企业的合作创新绩效，尽管已有研究探索了冗余资源如何影响企业的创新绩效，但是缺乏对冗余资源对企业的合作战略以及开放式创新的调节作用的影响研究，本研究拟进一步探索冗余资源不同维度对于企业开放式创新实践的影响。

（4）企业的产业伙伴与知识伙伴分别如何影响企业的组织学习过程？企业的组织学习能力在其中起到什么样的作用，企业外部知识伙伴被认为是企业获取外部知识的重要途径，而外部知识的获取离不开良好的组织学习，因此本研究将组织学习能力纳入研究范畴内，并进一步探索组织学习能力对于创新绩效的影响。

第三节　相关概念的界定以及说明

一、产业伙伴与知识伙伴

波特竞争理论认为影响企业的竞争优势的关键因素在于产业结构以及企业在产业所处的竞争位势，客户、供应商、竞争对手构成了产业价值链相关联的商业主体。我们将这一类合作伙伴定义为产业伙伴。大学、研究院所、智库、创新中介机构等均是创造、传播、扩散知识的知识密集型组织，企业与大学、研究院所、智库、创新中介机构进行合作所获取到的知识类型大多是基于科学、技术、科技政策、管理方面的，通常与大学、科研机构、智库、创新中介机构的合作方式主要是基于 STI（science, techology, innovation）的学习方式，主要是通过对科学知识、技术、进行获取、转移和应用，来实现产品创新或过程创新[61-63]，因此，我们将与企业进行合作，并为企业提供知识密集型的技术、服务或解决方案的高校、研究院所、智库、创新中介机构等类型的合作伙伴称为知识伙伴。

二、组织学习能力

本研究所指的组织学习能力是为了适应环境的变化或获取与维持企业的竞争优势，在个体、团队、组织层和组织间进行的知识搜索获取、知识转移、知识整合运用的社会互动过程[64]，它由知识搜索获取能力、知识转移能力和知识整合运用能力三个能力要素构成[65]。

三、创新绩效

熊彼特认为企业的创新其中不仅包括新产品或新技术的应用，还包括新市场的开辟、新的原材料的运用以及新的组织形态的出现[66]。艾斯蒂（Iansiti）认为创新是不同的发明与现有产品和过程要素整合的产物[67]。创新绩效从狭义上理解指的是在市场中引入新产品、新技术或者新设备的比率[68]，而广义上来讲，创新绩效指的是从一个创新想法的产生到产品进入市场的全过程[69,70]，其中主要包括新创意的产生、研究开发、产品试制、新产品的生产制造等[71]。本研究的研究对象主要针对中国制造型企业，主要是指技术创新。

第四节　技术路线以及章节安排

一、技术路线

本研究在波特战略理论基础上，首先探索了企业与产业伙伴的合作对企业创新绩效的影响，以此为切入点并进行延伸，以资源基础观、组织学习理论、交易成本理论为理论基础，逐层深入剖析企业与知识伙伴合作互动程度、组织学习能力、企业创新绩效间的关系。本研究的技术路线如图 1.2 所示。

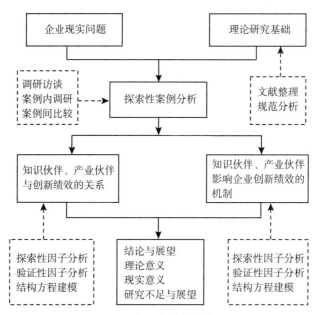

图 1.2　本研究的技术路线

二、章节安排

根据本书所描述的技术路线图，本研究共分为七个章节，各章的具体内容如下（见图1.3）。

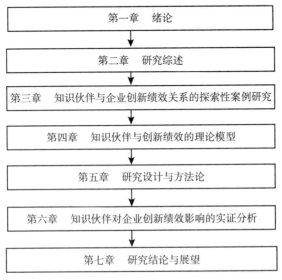

图 1.3 本书的章节安排

第一章为绪论。绪论部分主要介绍了本研究的现实背景以及理论背景，在此基础上阐述了目前企业进行合作创新的动力以及目前理论研究的不足之处，并进一步提出研究问题"企业知识伙伴如何影响企业的创新绩效"，绪论部分还对研究中涉及的相关概念如产业伙伴、知识伙伴、组织学习能力、创新绩效等进行了界定以及说明，借助技术路线图对本研究的整体研究结构作出了阐明，并且简单描述了本研究所采用的研究方法以及主要创新点。

第二章为研究综述。研究综述部分主要就波特竞争优势不足之处、开放式创新相关理论、外部合作伙伴与创新绩效关系、组织学习能力等进行了综述。研究综述部分一方面对已有研究理论基础以及结论进行了系统的整理，另一方面也就目前研究的不足之处作出了评述。

第三章具体内容为企业知识伙伴与创新绩效关系的探索性案例研究。按照本研究的研究框架选取了四家具有代表性的企业进行案例研究，通过开放式的深度访谈以及电话访谈等方式对四家企业的开放式创新实践以及组织特征进行了深入的剖析，在此基础上，提出研究的初始命题。

第四章为知识伙伴与创新绩效的理论模型。在探索性案例研究基础上，结合已有研究综述对研究命题作出进一步的理论分析，分别提出相比产业伙伴而言，企业与知识伙伴的合作互动对创新绩效的影响概念模型、知识伙伴影响企业创新绩效的作用机制以及概念模型，以及企业冗余资源对知识伙伴以及创新绩效的调节作用。

第五章主要介绍了研究设计与方法论。其中主要包括研究设计过程、数据收集方法、数据分析方法、变量度量、验证性因子分析、结构方程建模等。

第六章主要是针对问卷所获得的样本数据运用实证分析方法，初步得出了知识伙伴对企业创新绩效的影响模型以及冗余资源在其中起到的调节作用。

第七章为研究结论与展望，对本研究的理论贡献以及实践贡献作出了总结归纳，同时指出了研究局限如样本数据收集的局限性、变量度量的局限性等，在指出本研究的局限性的同时，也提出了本研究今后可进一步深度挖掘的研究问题。

第五节　研　究　方　法

本研究主要采用质性研究以及实证研究结合的方法，具体的研究方法如下：

（1）规范研究。在大量查阅企业核心竞争理论、战略管理理论、合作创新理论、组织学习理论等相关研究文献的基础上，本研究提出了知识伙伴的概念，将产业伙伴和知识伙伴对企业创新绩效的影响纳入同一个研究范畴内，针对企业知识伙伴对其企业创新绩效的影响作用机制、企业组织学习能力提升等问题进行理论探讨，构筑企业知识伙伴、产业伙伴与创新绩效关系的理论框架。

（2）案例研究。本研究通过实地调研获取得到探索性案例的访谈结果，得出企业知识伙伴、组织学习能力与企业创新绩效间关系的初步研究结果，结合已有的理论基础，提出初始的概念模型。针对知识伙伴如何影响企业创新绩效应用验证性案例研究，初步验证理论假设。

（3）问卷调研以及实证统计分析。本研究主要通过对国内制造型企业的问卷调研，结合运用方差分析，结构方程建模等方法对样本数据进行实证检验。

第六节 本研究的主要创新点

本研究围绕"企业知识伙伴如何影响企业的创新绩效"这一研究问题，在现有研究基础上，结合理论基础以及实证数据分析，从以下几方面对已有研究进行了拓展：

（1）本研究进一步明晰了知识伙伴的概念，设计了更细致、更全面的企业与知识伙伴合作互动程度的测度量表，本研究是学者德斯·范斯（Dries Faems，2005）、曾（Zeng，2010）、弗斯（Foss，2013）针对合作创新结论问题的延伸探索。本研究还首次探究了冗余资源对知识伙伴、产业伙伴和创新绩效之间关系的调节作用。此外，本研究还进一步考察了企业与知识伙伴、产业伙伴的合作互动对企业新产品开发速度、新产品销售比重、专利申请数量、创新项目成功率等多个创新绩效指标的影响。

（2）本研究揭示了企业知识伙伴与企业内部组织学习的机理，建立了"知识伙伴—组织学习能力—企业创新绩效"的理论框架，有助于验证企业外部知识伙伴对于企业创新绩效的影响路径以及内在作用机理，也为我国企业构建可持续的竞争优势提供了具有实践指导意义的参考框架。

（3）在已有的研究基础上，本研究深入探索了企业与知识伙伴、产业伙伴合作互动程度对提升组织学习能力的作用，并且探索了组织学习各能力不同要素对企业创新绩效的影响机制，进一步丰富了组织学习理论。

| 第二章 |
研 究 综 述

第一节　企业竞争优势理论来源综述

一、波特竞争优势理论简述

波特认为一个企业在市场上的业绩表现主要取决于企业在其外部所参与竞争的产业环境，波特把贝恩发展的结构—行为—业绩范式引入了战略领域，并对此做了新的解释[72]：波特认为产业的吸引力体现在五种竞争作用力当中（见图2.1）。其中影响新进入者的主要因素有规模效应、品牌效应、资本要求、分销渠道、产品差异性所有权属性、转换成本、学习曲线效应以及政府相关政策等。决定客户议价能力增强的原因主要有客户集中度、客户转换成本、后向整合的能力、替换成本等；而决定供应商的议价能力增强的原因主要有供应商产业集中程度高、供应商产品决定着客户业务、供应商产品差异化或较高的转换成本以及供应商前向一体化。决定现有竞争对手的竞争程度因素主要有行业增长性、固定成本、品牌意识、转换成本、行业集中程度、信息复杂程度、竞争对手的多样性以及推出成本等。而决定替代产品服务威胁的因素主要在于替代品的相对价格优势、转换成本以及客户对替代品的偏好等。波特认为这五种竞争力共同影响产业的竞争强度以及最终盈利能力。波特指出根据五大作用力分析产业竞争以及产业环境，管理者需要给企业进行定位，然后建立针对当前环境的竞争策略，比如什么时候应该积极应对竞争，什么时候应该回避竞争以及寻找适合的切入点[73]。

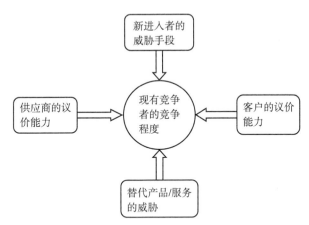

图 2.1 影响产业吸引力的五种力量

资料来源：波特. 竞争论 [M]. 中信出版社，2008.

波特的价值链理论认为企业内部主要价值链分为基本活动与支持性活动，并非所有活动都创造价值[74]。波特的价值链理论偏重于企业产业价值链活动的开发，而忽视了企业与外部知识密集型组织如高校、研究院所、智库、创新中介结构的合作对企业价值创造的影响。

二、波特竞争优势理论的不足

波特的竞争优势理论对企业战略相关的内外竞争环境进行了全面深入的解剖，对价值链上的不同利益相关者对企业的不同影响进行了深入的分析，为人们了解竞争的本质提供了广泛的视角，但随着产业环境的变化以及环境动荡性的增强，波特的竞争优势理论存在以下不足（见表 2.1）：

表 2.1	波特竞争优势理论的不足之处
波特竞争理论的隐含假设	不足之处
市场资源的稀缺性	强调了战略的竞争特性而忽视了合作的可能
信息的完全性	忽略了战略的动态调整学习
相对固定的行业规模	现实中企业之间往往不是零和博弈，而是通过联合竞争对手做大行业来获取更大的资源和市场

续表

波特竞争理论的隐含假设	不足之处
商业的目的是竞争	商业存在的目的是为客户以及社会创造价值
隐含假设了经济人目标	强调了战略的个体逐利性而忽视了战略的群体互惠共生

资料来源：本研究整理.

第一，波特在分析行业影响因素时，过于关注各种力量之间的竞争性博弈，而忽视了企业与其他参与主体之间可能的合作关系。

第二，波特的竞争优势战略理论隐含假设了信息完全性，从而忽略了企业的外部知识获取以及组织学习过程的动态性。汉莫（Hamel，1991）认为企业通过战略联盟关系与外部建立合作关系，从而有利于组织间学习，企业的组织间学习有利于组织核心能力的构建以及谈判能力的增强[88]。因此，波特的五力分析框架以及战略制定对于解释企业的过去以及发展历史是有效的，但在不确定性的商业环境中预测未来却是不可行的。

第三，波特的竞争优势战略理论是建立在行业的规模是固定的假设前提下。企业与外部不同商业主体如供应商、客户、竞争对手等变成了一种零和博弈。但现实情况并非如此。

第四，波特战略理论基于一个最初的想法，即战略以及商业的目的是如何处理竞争，企业需要通过击败市场中其他竞争对手中从而获胜。但实际上，商业存在的目的是为客户创造价值，为社会创造价值，而非仅仅是为了竞争。经济的全球化以及互联网的普及摧垮了众多的竞争壁垒，知识变成了商品，新技术延伸为企业带来了创新的机会，无数的新产品以及新服务在不断重塑行业结构，用户变成了市场中最重要的角色[75]。行业的利润率水平不再是一个常量，而是一个可以无限急速扩大或者缩小的具有弹性的变量，试验以及创新才是企业在变化无常的市场中制胜的唯一路径。苹果（Apple）、亚马逊（Amazon）、全食（Whole Foods）、扎哈（Zara）等无一不是通过为客户创造传递更多价值而获得巨大成功。

第五，隐含假设了经济人目标。尽管波特在强调了"产业集群"的作用，看到了众多企业之间存在的互惠、互赖以及互动关系，但是主要考虑国家、州（省）等地域层次，而针对不同企业个体层面的合作互惠相对较少[76]。波特理论分析的框架基调为静态的，而在商业环境高度动荡复杂的情况下，其解释力逐步减弱。本研究拟从合作的视角来探索影响企业竞争优势的产业之外的因素，如高校、研究院所、智库、创新中介机构等对企业创新发展可能带来的影响。

随着相关理论和实践的发展，研究者们将探索企业竞争优势的着眼点转移到了企业的层面上，深入企业内部寻找竞争优势特殊源泉的思想已渐明朗，产生了众多的理论，其中包括以资源为基础的资源基础观、企业动态能力观、核心能力观等。资源基础观认为战略性资源是决定企业战略内容和方向，是企业获取超额利润的根本原因。能力基础观认为企业的竞争优势在于培养出竞争对手无法拥有的企业能力，并将这种能力应用到产品开发以及过程创新当中。

企业创新的过程是企业为了维持竞争优势，不断整合、运用内外部创新资源，将其转变为创新产出的过程[77]。创新不仅需要企业有广阔的视角审视产业环境，而且还需要结合自身内部的资源和能力，将外部有价值的知识纳入企业的创新系统当中。从这个角度看，竞争优势外生论以及内生论应该是互补而非互斥的。尽管已有的竞争优势外生论以及内生论为企业的成长提供了良好的理论分析框架，但随着经济的全球化，众多中国本土企业如何在知识经济时代维持其可持续性的竞争优势成为了企业共同面临的关键问题。

三、知识经济时代企业竞争优势来源

波特提出的企业竞争优势理论是在 20 世纪 80 年代，当时企业的经营模式大多是传统的经营模式，企业大多是通过分配并消耗资源的战略规划来实现高速增长，因此，20 世纪 80 年代被称为"战略的时代"，经历了"战略的时代"以及 20 世纪 90 年代的过渡期之后，产业结构摆脱了以传统的以产品或市场决定的模式，而转由知识来主导，世界向着"知识经济"转型。知识经济是建立在知识和信息的生产、分配和使用上的一种新型经济[78]。罗伯特·格兰特（Robert M. Grant）认为不论在哪个时代，知识都是生产力发展的重要引擎，更大存量的知识为经济增长提供了一个更高的生产力水平[49]。国外学者诺纳卡（Nonaka）则认为对于制造型企业而言，产品的知识含量越高，那么企业的整体收益率越高。例如，汽车行业和家电行业需要众多的电子零部件和软件插件，其知识含量必然很高。同时，在成衣和体育用品行业，产品设计以及背后涵盖的知识价值已经远远超出用料本身的价值[1]。

因此，在知识经济中胜出的企业都是那些能充分挖掘知识资产价值的企业，通用、三星、苹果等企业均是借助知识生成价值的典型代表，其知识资产已经远远超过了有形资产。通用电气公司2014年在"世界财富500强"企业中排名第21位。通用电气公司专门设立了首席知识官（CKO）一职，积极开展裁员和并购活动。从传统消费电气业务向金融，以及知识含量高的医疗服务业以及宇宙航空产业等服务领域。在推进这些事业的过程中，通用公司一面加强了知识资产的扩张，一面力求实现与客户的理解与合作，充分理解客户的需求，运用知识提供解决方案，并进一步运用新知识和新视角帮助客户实现盈利。通用公司标榜自己为"从事制造的服务业"，其中，掌握大量可持续发展的知识资产是制造业迈向服务业的一大前提。

知识以指数级的速度进行增长，企业与企业之间的竞争由原先的低成本、规模效应，转化成为了企业之间的知识资产的竞争。企业的可持续的竞争优势关键在于企业对外部知识的探索、开发以及应用。企业不仅需要将注意力焦点放在内部价值链相关的研发、法律、营销、物流、制造、财务等方面，而且还需要拓展企业的边界，通过有效的治理结构如合资经营、战略联盟、技术许可等方式与外部供应商、客户、大学、研究院所、技术中介机构、行业协会等建立良好的合作伙伴关系，获取有关企业的研发、生产制造、营销采购、物流分销等知识来促进外部知识与内部知识的协同创新（见图2.2）。企业与企业之间的竞争由传统经济时代下的拥有的资源的竞争演化成为了企业自身构建的知识创新生态体系的竞争。因此，在知识经济时代，如何运用开放式创新与外部不同主体进行充分合作、发挥内部知识与外部知识的整合协同成为了企业竞争优势的重要来源。施乐公司（Xerox）、美国国际商用机器公司（IBM）、英特尔公司（Intel）、宝洁公司（Procter & Gamble）、苹果公司（Apple）、美国朗讯科技公司（Lucent）、美国美克（Merck）公司等全球知名500强企业纷纷采取"开放式创新"，面向全球通过企业的外部合作伙伴，来获取全球创新资源。随着企业组织边界的打开以及科学技术的快速发展，大学、科研院所、智库等知识密集型机构逐渐成为企业的重要的合作伙伴。知识经济时代，企业如何通过外部知识的获取、转移、整合运用来获得持续的竞争优势成了众多企业面对的重大战略问题。本研究运用开放式创新相关理论，研究知识伙伴对企业创新的影响，从合作的视角进一步探索企业可持续发展的创新机制。

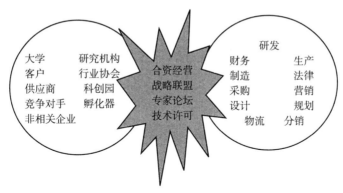

图 2.2 企业知识边界的拓展

资料来源：本研究整理.

第二节 开放式创新相关文献综述

一、开放式创新的概念以及特征

开放式创新是企业为了加速内部创新以及扩大创新市场，有目的性的利用企业知识的流入与流出的过程[79]。开放式创新认为企业内部有创意的点子或者想法既可以通过内部开发实现商业化，同时也可以通过外部市场实现商业化[24]。与封闭式创新相比，开放式创新主要有以下特征：①企业并不需要拥有所有聪明人，但是企业需要和内外部各行业的有价值的人才进行合作；②通过企业外部研发同样能为企业创造价值；③即便企业自身不是研究者，也能从研发中获利；④建立一个好的商业模式比率先进入市场更为重要；⑤如果能够很好地利用企业内部和企业外部好的创意，企业就能从市场中获胜；⑥我们应该让别人使用我们的知识产权，并从中获利，同时也应该购买组织外部的知识产权，借以来改进自身的商业模式[24]。表 2.2 概括了封闭式创新与开放式创新的基本原则。开放式创新秉持的理念是"合作创造价值"，企业通过风险投资、技术许可、技术并购、外部研究项目等方式从外部获取创新资源（见图 2.3），再进而结合自身的优势，与外部合作主体形成资源协同的效果。国内学者陈钰芬对封闭式创新、合作创新以及开放式创新的特征进行了对比（见表 2.3），进一步指出开放式创新是组织打破企业边界，不断整合、利用内部、外部的知识以及创新资源[80]，将知识加速转变为商业化产品或解决方案的过程。

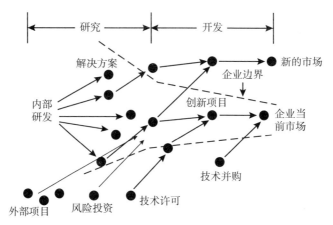

图 2.3　开放式创新机理

资料来源：Chesbrough，H. Open innovation，the new imperative for creating and profiting from technology. Harvard business school press，2003：183.

表2.2　　　　　　　　　封闭式创新与开放式创新的特征比较

封闭式创新	开放式创新
雇用本行业最优秀的员工为我们公司工作	企业并不需要拥有所有聪明人，但是企业需要和内外部各行业的有价值的人才进行合作
要从研发中获利，必须自己进行发明创造	通过企业外部研发同样能为企业创造价值
如果在企业进行内部研究，那么就能最早将产品推向市场	即便企业自身不是研究者，也能从研发中获利
第一个将创新进行商业化的企业将成为市场的赢家	建立一个好的商业模式比率先进入市场更为重要
如果我们创造出的创意在行业中名列前茅、就会在市场中胜出	如果能够最好的利用企业内部和企业外部的好的创意，我们就能从市场中获胜
必须严格控制我们自己的知识产权，这样竞争对手才无法从我们的创意中获利	企业应该让别人使用我们的知识产权并从中获利；同时也应该从外部知识产权中获利

资料来源：Chesbrough H. W. Open innovation：The new imperative for creating and profiting from technology [M]. Harvard Business Press，2003.

表 2.3　　　　　　　　　　不同创新模式的特征

类别	封闭式创新	合作创新	开放式创新
创新来源	内部研发	内部研发为主，合作伙伴间部分资源共享	内部研发和外部创新资源并重
外部技术环境	知识贫乏	知识较为丰富	知识丰富
与其他组织的关系	竞争	竞合	分工协作
组织边界	完全封闭	合作伙伴间边界可渗透，对外部封闭	边界可渗透，动态开放
创新组织方式	完全封闭	内部纵向一体化，强调合作	垂直一体化，动态合作

资料来源：陈钰芬. 开放式创新的机理与动态模式研究［D］. 浙江大学博士学位论文，2007.

利奇萨乐（Lichtenthaler）认为开放式创新是指企业为了加速技术的商业化过程，有意识的控制知识流入与流出的过程[81]，开放式创新过程通常涉及知识的探索、保存以及利用，针对知识的不同阶段，企业需要不同的能力与之匹配（见表2.4）。组织内部的知识探索通常需要很强的创造能力，而知识保存则需要相应的转化能力，利用不同类型的知识则需要较强的创新能力。而针对组织外部的知识探索以及保存通常涉及吸收能力和连结能力。陈钰芬（2007）认为企业与外部组织的合作有利于企业技术资源、市场信息，以及制造能力的获取，在一定的范畴内，企业的开放度能够促进企业技术创新绩效的提升，但超过一定阀值后，开放度的增加会带来创新成本的增多，从而对创新绩效产生负面的影响[80]。

表 2.4　　　　　　　　　　开放式创新过程中的知识管理

类别	知识探索	知识保存	知识利用
内部	创造能力	转化能力	创新能力
外部	吸收能力	连结能力	解析能力

资料来源：Lichtenthaler, U. Open innovation: Past research, current debates, and future directions ［J］. The Academy of Management Perspectives, 2011, 25 (1): 75–93.

当下有关于开放式创新的理论主要集中在技术交易、用户创新、商业模式以及创新市场等方面，其中技术交易高度强调了组织内部能力的重要性[82,81]。用户创新主要关注企业如何通过与用户进行合作来获取外部新知识以及创意[3]，以及企业如何在开放式创新过程中的用户创新以及用户社区中获得利润[83,84]。商业模式指的是企业如果在创新过程中对外部知识进行适当的利用（exploitation），因为对外部知识利用的过程通常会牵涉到复杂的知识产权的问题[85]，因此设计良好的商业模式来避免产权纠纷显得十分重要。创新市场通常是聚焦在企业之间的技术转移，其中技术中介在其中发挥了重要的作用[86]。开放式创新的四个不同方面呈现了开放式创新的主要特征：第一是外部知识利用、保存、开发过程的整合，而为了充分利用、保存、开发外部知识，企业必须拥有对应的组织能力。第二是内部以及外部创新过程的整合，开放式创新要求企业对内部以及外部的技术、市场、制造资源进行充分整合。第三是开放式创新强调通过不同方式来实现技术以及管理的匹配性，加速技术商业化过程。因此，与外部不同类型主体进行合作，进而充分利用企业外部的创新资源对企业实现开放式创新至关重要。

二、企业实施开放式创新的理论基础

1. 企业资源观

国外研究学者巴利（Barney）认为，当企业的资源同时具有有价值、稀缺、难以模仿和难以替代四个特征时，则这种资源就成为企业获取和保持竞争优势的源泉。资源的价值性和稀缺性保证了企业能够实施与别人不同的独特战略[87]，从而拥有了竞争优势（见图2.4）。

图2.4　企业资源与竞争优势

资料来源：本研究整理.

如图2.5所示，皮特冉弗（Peteraf）认为，满足资源的异质性、事先对竞争的事前控制、资源的不完全流动、对竞争的事后限制等条件的资源才能为企业带来持久的竞争优势，基础资源观认为企业之间的竞争不仅是新产品的竞争，同时也是开发新产品能力的竞争[88]。

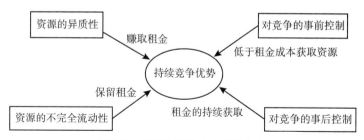

图 2.5 基于资源的竞争优势框架

资料来源：本研究整理.

企业的无形资源（intangible resources）在企业竞争优势的构建中发挥了不可替代的重要作用。对无形资源的关注使得学者们试图将知识从资源基础理论框架中分离开来，在资源观的基础上发展出了"知识基础理论"[49]。企业知识基础观将知识作为企业做具有战略重要性的资源。企业知识基础观的一个重要假定就是组织存在的意义是运用知识进行创新，并转化为企业的竞争优势[89]。企业同时吸收并运用组织内外部的知识，并对现有的能力进行整合以创造新的知识[8,90]。企业以各种方式和周围环境中的其他主体建立合作关系被看作是获得合作学习经验的重要方式[91]，同时也被看作是知识转化的重要渠道[89]。知识基础观认为企业的外部合作网络以及合作伙伴是企业获取自身所需要的关键知识的最重要的渠道[92]。

近来大量的实证研究表明，合作伙伴在企业基于资源的竞争优势构建过程中发挥了重要的作用。学者常（Chung）等发现伙伴间互补性的资源是影响企业合作创新的重要因素[93]。戴维·迪斯指出与外部商业主体的合作有利于企业获得创新商业化所需的互补性资产，进而获得创新租[94]。延伸的资源基础观认为企业与外部的合作不仅有利于内部租金的获得，而且还有利于外向租金、内向租金以及关系租金的获得。从短期来看，与客户、供应商等的合作有利于企业获得互补性的市场资源，而与高校、研究院所、智库的合作则有利于促进企业获得外部的科学技术知识资源，与外部主体的合作有利于发挥资源的规模效应和协同效应。从长远来看，合作能为企业带来知识溢出，进而提升组织学习能力，有力地促进企业价值创造以及技术创新[95,2]。

2. 企业能力观

与外部合作伙伴的合作能够使得企业有机会接触并获取到互补性的资源，但是在某些情况下，资源并不能够直接转换为创新成果，企业必须要拥有快速地聚集、整合、配置内外部资源创造竞争优势的能力。如图2.6所示，戴维·迪斯进一步提出了动态能力才是企业竞争优势的来源，动态能力是指为了响应快速变化的市场环境，企业创造新产品或过程的能力，企业竞争优势决定于企业资产定位以及演化的路径[96]。动态能力强调了管理能力以及各项功能的独特组合，包括研发、产品和过程开发、制造、人力资源以及组织学习。动态能力的提出有利于组织创新的研究主要基于以下几点：首先，它不仅仅关注在技术上，研发仅仅是多个变量中的一个，促进了组织创新的整体模型的开发；其次，过程创新与新产品开发过程密切相关，过程创新可以表现为新的工艺、系统甚至是商业模式。最后，资产异质性的特征表明了对于企业成功创新而言，没有通用的范准则，创新能力强的企业与创新能力弱的企业有一些相同的特征，只是重要性的程度不同而已[96]。

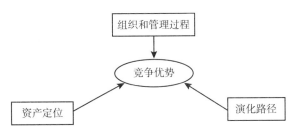

图2.6　迪斯（Teece）的动态能力与竞争优势观

资料来源：Teece, D. J., Pisovno, G., Shuen A. Dynamic capabilities and strategic management［J］. Strategic Management Journal 1997, 18（7）：509－533.

　　尽管资源基础观与动态能力观在创新研究中得到很多应用，但也有其局限性。首先，无论在个体或组织层面，企业通常很难识别众多资源中有利于创新绩效的资源，识别的过程通常是事后的，当企业创新成功时，这些企业所拥有资源才被界定为有价值的。同样，失败的企业通常归因于缺乏那些特定的资源或能力。其次，许多资源都是互补的，因此是系统性资源为企业带来竞争优势，而非孤立的某项资源。对能力的形成过程的研究需要结合某项具体的活动，这个过程的复制通常比较困难[97]。最后，资源的价值会随着时间不断变化从而转变成为核心刚性，尽管资源的形势并没有发生变化[98]。因此，有学者提出企业创造创新产出的潜力才是影响企业竞争优势的关键因素[99]。而企业的创新能力是不断地将知识和创意转化为新产品、过程和系统的能力，为企业和其股东带来利益[100]。创新能力的概念是由博思和斯塔科

（Burns & Stalker）在 1961 年首次提出的，用来表示组织成功采纳或实施新思想、新工艺以及新产品的能力[101]。

3. 组织学习观

组织学习观认为企业的组织学习是企业竞争优势的来源，企业的主要功能是创造、储存以及运用知识，而非单纯降低交易费用，企业与外部形成合作关系形成的另一个基本原理在于企业为了利用组织学习而结成伙伴关系[88,89,20]。大多数研究指出企业与外部组织建立合作关系的动机是为了从伙伴企业那里获取得到知识技能或者技术能力[102]。由于知识很难在市场上进行交易，并且通常难以定价，合作关系对于不同组织间的知识转移特别有效[20]。比如一个想要学习精益制造的企业，通过与行业内典范企业形成合作关系，往往更容易帮助其实现目标。其他研究表明在生物技术领域以及组织间网络方面，组织间合作关系为组织学习提供了一个理想的平台。包威尔等指出，知识创造更容易在流动性强的社区实现，而非绑定的或者静态的组织内，官僚等级森严的正式化组织非常不利于组织学习。创新的来源并不是单单在企业内部，通常它们在不同企业、高校、研究院所、供应商以及客户之间[55]。

企业间网络以及合作通常反映了这些特征，例如 SEMATECH，是一个高度结构化的致力于半导体行业研发的研究合作联盟体。SEMATECH 涉及了 10 个美国企业包括（惠普 IBM 以及英特尔）以及国际化的分支机构，包括来自七个国家的 14 个企业（如现代、飞利浦、西门子等）。企业参与进入这样一个研究联盟的目的是为了进入一个充满活力的学习环境以及不断有新发现的社群。包威尔（1996）指出在高科技行业，进行新产品开发的企业通常是基于网络的学习型企业，而非单个独立的企业。同样地，蒂斯（Deeds）和希尔（Hill）认为企业新产品开发速度与战略联盟形成呈现非线性的正相关关系，但当企业加入的联盟超过一定数量时候，对企业会产生负向的影响[103]。包威尔则认为最成功的生物企业是哪些位于研究联盟网络中心的企业。同样的，这些研究表明了企业参与的联盟的数量以及网络中心化程度对组织学习有正向的影响[55]。

马奇（March）将组织学习分为探索性学习和利用型学习两类[104]。探索型学习涉及创造财富的新机会的挖掘和创造、进入新的研究领域或者是吸收能力的提高[8,105]。例如，生物技术企业以及医药企业经常结成合作伙伴进行新药物或者医疗技术的开发。开发型学习是通过改进现有能力或者降低成本来实现资本、企业资产的增长，在这种环境下，企业进行合作的目的是为了实现范围经济，降低成本，或者是提高营销渠道的效率。探索和开发涉及不同的时间范围，乐维萨尔（Levinthal）和马奇（1993）认为开发型学习涉及的是企业现存的生存能力，而探索型学习涉及的是巩固加强企业未来的生存能力。探索和开发过程都是耗散企业成本的过程，并且此过程涉及对组织稀缺资源的争夺，企业通常通过组织间合作关系来与合作伙伴分摊探索和开发的成本[55]。

衡量企业组织学习的指标是企业吸收能力，科亨（1990）将企业吸收能力定义为企业识别、吸收、应用新的外部知识，将其进行商业化的能力。企业的吸收能力通常具有积累性以及路径依赖性，很大程度上是基于之前的学习经验。除此之外，企业学习的能力还基于之前的准备，如企业员工的素质、知识存量、管理信息系统的质量，以及学习动力的呈现[106]，企业的差异主要体现在这些维度上。因此，存在某些企业比其他企业的学习能力更强。吸收能力是一种能够通过培训以及其他组织学习方式进行提高的能力，吸收能力强的企业能更好地从合作伙伴那里进行学习。

组织学习理论在很大程度解释了企业进行外部合作的动因。但是它的不足是仅仅关注技能开发和知识转移，并没有将成本纳入在内。比如，企业可以通过不同的形式如培训、教育、实际联盟经验来提高吸收能力。但是，这些做法的成本是比较高的。在经济理性的视角下，任何决策在制定之前必须进行成本/收益分析。由于联盟中大部分的信息共享是基于工程师或者业务经理层面，而不是制定联盟的管理层层面。因此，参与联盟的企业必须承担散失部分隐私信息的风险[107]，合作当中的不恰当的知识分享带来的风险将高于市场机制下的知识交易。组织学习理论并没有涉及不恰当的商业机密以及产权知识的外泄风险。因此，外部合作对于组织学习所带来的正向影响是否大于其风险以及成本，还需要通过进一步的研究进行验证。

4. 企业战略观

战略基础观认为企业进行外部合作的动力在于增强市场力量以及提高企业自身的竞争力。尽管如此，企业也会有不同的战略理由如短期效益、资源获取以及其他因素[108,109]。在 20 世纪，为了阻止英特尔主导的总市场份额，苹果与 IBM、摩托罗拉通过联盟进行电脑主机芯片的生产和推广。苹果企业为了扩大在中国市场的影响力，2014 年，苹果企业与中国存储、通信、智能灯、家电等企业进行深度合作，推出智能家居的 Honekit 应用，苹果与海尔的联姻合作象征着苹果逐步从"封闭"走向"开放"的企业创新战略。

　　促使企业进行组织间关系形成的还有其他战略原因，例如企业通常为了最大化他们提供有吸引力产品或服务的能力，增加效率或者是降低成本[110]。例如，快餐行业以及石油零售业之间的分销联盟十分普及。快餐业主主要想开辟新地址来提高销售额，但获取新地址以及建筑新餐馆通常耗时费力，并且需要经过漫长的过程。因此，很多快餐供应商通过与石油零售店结成联盟来进行市场的推广。这种合作关系能够使得餐饮供应商快速抢占新的地址进行销售，而加油站则借助餐饮供应商的服务实现一站式服务。包威尔指出联盟形成的理由是"企业为了快速获取新技术或新的市场，并从合作研究中获得规模效应，从企业外部获取诀窍知识以及分享单个企业承担的研发风险。[55]

　　此外，在一个国际化竞争的氛围下，企业通常通过组织间合作与当地的企业或者组织进行合作，主要是为了进入国外市场，或者是获取竞争优势[109]。对当地的特定合作伙伴的战略决策选择是基于如何提高企业长期战略竞争力，而不是特定的资源依赖需求或者交易成本考虑。战略选择很广泛，一个企业管理者可能以战略或者长期利益最大化的名义进行组织间合作，动机可能包括很多方面。其中包括：①通过进入壁垒增加市场力量或者增加垄断市场的影响；②增加政治型力量，或者是影响国内或国际政府的力量；③提高研究、生产、市场或者其他功能的效率；④提供差异化产品或者服务。战略选择视角针对组织间合作关系的研究是分散的，并且很多还缺乏实证结果的支持，在高度复杂的商业环境下，同一战略不可能在不同环境条件都获得同样的成功。

　　5. 创新生态观

　　哈佛大学的艾斯蒂教授[67]认为："未来的企业之间的竞争将由单个公司之间的技术竞赛，转化为企业所处的生态系统之间的竞争或系统内部业务域之间的竞争，竞争的主题也将成为公司各自所培育并赖以生存的生态系统的整体健康状况[111]。"在商业生态系统内，企业之间的关系由单纯的竞争转变为合作共赢以及协同进化[112]。企业通过与外部伙伴建立合作关系不仅在于资源、能力的获取以及交易成本的降低，而且还在于获得一个更为宽广的战略视角以及价值共创平台，借以来规避和降低整体系统风险，如图2.7所示，德国电讯公司在创意产生、研发、商业化过程中，需要根据自身的资源、资金以及时间强度，采用不同的管理模式如创意工作室、合作项目、共同开发、战略联盟、公司风险资本项目对各种外部合作进行管理，与外部构建深度合作并最终形成自身的开放式创新系统[113]。

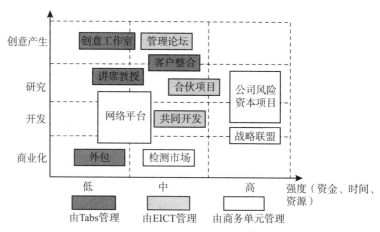

图 2.7　Deutsche 电信企业的开放式创新

资料来源：Rohrbeck R，Hölzle K，Gemünden H G. Opening up for competitive advantage – How Deut-sche Telekom creates an open innovation ecosystem ［J］. R&d Management，2009，39 (4)：420 – 430.

　　不同理论基础分别从不同视角分析了企业的外部合作行为，从经济的视角逐渐过渡到企业行为的视角（如图 2.8 所示）。交易成本理论主要认为企业与外部进行合作的动机主要在于降低创新成本，资源基础观是认为异质性资源是创建利益相关者网络的重要的激励因素。整体来说，交易成本理论以及资源基础观强调了组织间合作的经济学意义。而企业能力观则逐渐偏向于企业的行为解释。企业的战略观是基于传统经济，但是逐渐从静态战略观转变成为动态战略观。不同的理论为组织间关系提供了不同的研究视角，将这些理论基础纳入一个框架内能让我们更好地理解组织间合作关系。战略选择视角可以拓展到相关利益者管理、交易成本经济学等。最后，创新生态体系视角可以帮助解释为什么组织参与在其他理论视角看起来是不合适的联盟或合作。

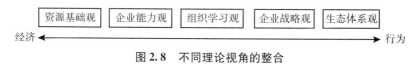

图 2.8　不同理论视角的整合

资料来源：本研究整理.

三、开放式创新的分类以及影响因素分析

1. 开放式创新的分类
学者们分别从不同视角对开放式创新进行了分类，例如思想视角、主体、

或过程视角[114-116]。如图2.9所示，整合不同理论视角，韦斯特（West）和博格斯（Bogers）认为企业的开放式创新是外部创新资源的获取、整合、商业化以及互动的过程。[117]通常情况下，开放式创新模式主要分为：①内向式开放式创新（in-bound open innovation）；②外向式开放式创新（out-bound open innovation）；③耦合式开放式创新（Coupled-open innovation）。

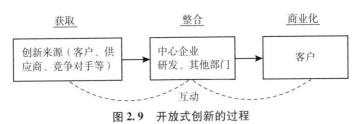

图2.9 开放式创新的过程

资料来源：West J., Bogers M. Leveraging external sources of innovation: a review of research on open innovation [J]. Journal of Product Innovation Management，2013.

内向式创新主要指企业通过整合外部不同外部知识源主体的知识来增加并丰富自身的知识存量。内向式创新涉及对外部知识的探索（knowledge exploration），对外部知识的探索可以增加企业的创新能力[25]。内向式开放式创新表明知识创造的地点可以是企业外部，艾克尔（Enkel）以及格斯曼（Gassmann）（2008）运用144家企业的调研数据表明企业的知识大部分来自客户（78%）、供应商（61%）、竞争对手（49%），以及公共和商业的研究院所（21%），但也有很大部分知识来自于客户、供应商之外的其他领域。从内向式开放式创新可以看出，企业逐步意识到了外部创新网络的重要性，新的客户整合方式如众包[118]，大规模定制化以及客户社群整合[119]以及创新中介组织如"创新中心"（innocentive），NineSigma或是yet2.com等变得越来越普及。宝洁企业在2000年开始进行重大战略调整，通过"联系与开发"项目实施内向式开放式创新，不断引进外部的知识、技术以及转移人才。

目前理论界针对内向式开放式创新主要是企业对外部开放度对企业内部组织资源的影响，以及企业开放度与创新的关系[120;25]，针对具体的内向式开放式创新的合作过程还较为缺乏。其中，有学者通过案例研究表明内向式开放式创新对组织绩效的积极影响[121;113]，利奇萨乐等（2010）发现外部知识、技术商业化活动对企业绩效有正向的影响。亨利·切萨布鲁夫以及鹏瑞赛普（Prencipe，2008）认为组织通过内向式开放式创新对外部知识源进行整合，从而丰富了组织自身的知识存量[122]。方（Fang，2008）等认为企业与外部组织的共同创造对新产品开发项目有促进作用[123]。学者通林森（Tomlinson，2010）发现企业与客户、供应商的合作连结的强度对企业的创新效率有积极正向的影响[124]。尽管大多数研究表明了开放式创新对企业创新的积极影响，但仍有研究表明开放式创新存在一定的风险，例如利奇萨乐（2010）指出开放式创新过程中核心知识资产泄露的风险与成本[125]，托科利（Torkkeli，2009）指出开放式创新会减弱组织内部知识资产的稀有性[126]。尽管学者们针对内向式开放式创新与企业绩效的关系进行了众多定量以及定性的研究，但由于研究情境的不一致，目前并没有得出一致的结果，企业如何通过内向式开放式创新提升自身竞争优势仍有待进一步探索。

外向式开放式创新是指企业将内部资源进行外部市场化而赢得利润，比如知识产权的转让、将内部创意植入外部环境中等。企业建立外向式开放式创新过程的关键在于将自身知识以及创意导入外部市场进行商业化，而不是通过内部开发进行商业化，外向式开放式创新本质是组织内部知识的外部开发（knowledge exploitation）。在艾克尔以及格斯曼（2008）的研究中，43%的样本企业从外部获得专利许可，而仅有36%的企业将他们的专利进行外部许可以及商业化。外向式开放式创新通常专注于将内部闲置资产的变现。为了促进疑难病症的研究，葛兰素史克将开发这些疑难杂症药物相关的知识产权权利放入对外开放的专利池，以供外部研发者共同使用（见图2.10）。那些闲置的内部创意、研发成果以及知识产权放入专利池后，为企业产生了更多的价值[127]。相比内向式开放式创新而言，外向式开放式创新在发展中国家的商业实践中一直受到忽视。

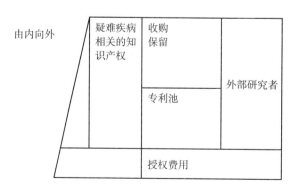

图 2.10　葛兰素史克的外向式创新

资料来源：Osterwalder A. , Pigneur Y. Business Model Generation: A Handbook For Visionaries, Game Changers, And Challengers Author: Alexander Osterwalder, Yves. 2010.

耦合式开放式创新代表着企业通过联盟、合作、共建实体等方式与互补型合作伙伴共同创造价值[128]。耦合式开放式创新代表着企业不仅从外部获取知识，也同时将内部知识进行外部化，对创新项目进行共同开发和商业化。耦合式开放式创新是指除了知识的探索与开发，耦合式开放式创新还包括有组织外部知识的保留。外部知识的保留是指企业通过组织间合作来获取外部知识的知识，从而拓展企业自身的知识库[34]。

目前针对开放式创新的研究大都是基于单个的案例研究或者是理论推导，多数研究大多关注于外部知识的探索和利用，而缺乏一个整合的理论视角[27,129,82]，而针对开放式创新过程的定量研究相对缺乏[81,130]，对开放式创新的研究的层面主要有个体、二元、组织间视角，以及地区/国家视角，本研究主要研究企业的外部合作伙伴对自身创新的影响，聚焦在组织间的开放式创新的研究。

2. 影响开放式创新的因素分析

如表 2.5 所示，影响企业进行开放式创新的因素主要有两类：一类是内部因素，如互补性资产、规模效应以及吸收能力。大企业通常能够整合外部知识，或者是并购小企业来实现互补性资产的高度协同效应。规模效应方面，企业通过合作研发的规模效应来降低创新成本，因此规模效应也是企业参与开放式创新的重要的动因。而企业的吸收能力也会影响企业开放式创新，吸收能力强的企业更偏向于开展开放式创新活动，相对小企业而言，研发实力强的企业与高校、研究院所的合作更多[126]。

表 2.5   **开放式创新的影响因素分析**

影响因素	早期研究	主要研究结果
互补性资产	Blonigen&Taylor（2002） Berkovitch Knudsen（2005）	大企业通常能够整合外部知识，或者是并购小企业来实现资产的高度协同效应
网络外部性	Chesbrough（2003） Chiesa&Toletti（2003） Leipolen（2006） West（2006）	开放式创新帮助新型小企业成为更强大的竞争对手；为了促进某一项技术成为行业标准，企业可能与外部进行合作；为了获取需求方的规模效应，企业可能主动损失自身的专属权
互惠式的知识分享	Huston&Sakkab（2006） Kogut（1989）	宝洁一些最成功的开放式创新项目通常涉及互惠式的知识分享；互惠知识交换通常通过股权合作的方式进行流程制度化

影响因素	早期研究	主要研究结果
组织学习	Huston&Sakkab（2006） Vanhaverbeke（2007）	在探索型战略下，大企业更擅长于具体描述具体问题，并进行外部搜索来完成。为了探索不同类型的知识，企业必须要与多元化的新伙伴进行合作

资料来源：Torkkeli M. T.，Kock C. J.，Salmi P. A. S. The "Open Innovation" paradigm：A contingency perspective [J]. Journal of Industrial Engineering and Management，2009，2（1）：176 – 207.

另一类影响因素是外部因素，如网络外部性、互惠性的知识分享以及组织学习。网络外部性是指企业为了将某项技术推广成为所在行业的标准，与外部主体进行合作[114]。企业会牺牲一部分的资产专有性来促进需求市场的规模效应的形成[117]。宝洁一些最成功的开放式创新项目通常涉及互惠式的知识分享，而互惠知识交换过程通常是通过股权合作的方式进行流程制度化[36]。而在知识的开发/探索战略方面，企业需要与多元化的合作伙伴进行合作以期获取得到不同类型的知识[131]。

四、开放式创新下企业的外部知识管理

在开放式创新范式下，企业不仅注重内部研发能力的培养，而且对外部知识的价值挖掘以及商业化也十分重视。弗斯（2013）指出外部知识源的利用有利于企业外部战略性机会的识别、挖掘以及利用[132]。在商业实践中有企业专门成立了寻求外部合作者的创新平台并用来促进外部专业技能、知识以及创新创意的获取，如海尔的开放式创新平台 HOPE、礼来的"创新中心"（innocentive）平台、宝洁的联系与发展网站等。海尔借助 HOPE 平台与外部科技研发人才、技术中介/咨询机构、风险投资者、初创型企业等主体进行了广泛的合作以及深入的互动，如通过共建联合实验室、项目合作、专利合作或专家聘任的方式与高校的科学家以及科研工作者进行合作；通过孵化加速、风险投资等方式与外部中小型创业企业进行合作挖掘其商业价值。海尔通过开放式创新平台的构建，充分探索挖掘企业的外部知识源主体的专业知识，成功合作开发研制出智慧烤箱、海尔天樽空调、海尔匀冷冰箱等新产品。而作为医药行业的龙头企业礼来公司，尽管其研发人员不足 8 000 人，投入的研发费用不及其竞争对手辉瑞的一半，但其研发效率却是辉瑞的五倍之上，礼来的成功归自其开放式创新，礼来企业在 2002 年时投资成立了"创新中

心"全资子公司，目的是通过"创新中心"更好地利用外部的知识，"创新中心"网站上发布出企业内部遇到的技术难题，并详细说明他们需要实现的目标，然后全球各地的解决者在签完保密协议之后就可以进入网站的某个秘密"项目室"去了解与该难题有关的资料，对于问题解决者，"创新中心"的奖励高达 10 万美金。礼来通过"创新中心"创新平台不仅大大提高了新药开发的研发效率，而且还大大缩减了研发成本，将每种药的研发费用由原来的 12 亿美元缩减至 7 亿美元。作为日化行业的巨头宝洁企业为了充分运用全球的专业人才，专门设置了"外部创新主管"以及"创新侦查员"职位，目的就是搜索全球专利数据库，寻找对公司有利的专业知识以及重大专利技术。对于企业内部的知识专利，如果三年内没有被任何部门采用，那么宝洁就可以考虑卖出给外部企业，甚至是竞争对手。宝洁通过外部知识获取全球化以及内部知识外部商业化极大地提高了创新的效率，到 2008 年，宝洁拥有的 24 个年销售额过 10 亿美元的品牌中，其中有 13 个品牌是来与外部合作共同创新实现的结果，如皇冠（Crest）、永恒（Always）、宝锦（Bounty）、黎明（Dawn）、汰渍（Tide）、帮宝适（Pampers）等品牌。

纵观企业的开放式创新实践，其本质是如何将外部知识以及内部知识进行商业化，实现知识增值的过程。尽管已经有一部分企业通过开放式创新提高了创新效率和效果，但大多数企业还是处于观望迟疑的态度，在商业实践中并没有将开放式创新作为企业战略的重要组成部分。究其原因，主要有以下几点：第一，"非此地发明"思维障碍，企业管理者们秉持着"内部问题，内部解决"的思维方式，不愿意将企业自身的弱项以及技术难题暴露出来，因此，拒绝与外部组织或专业研发人员的合作。第二，企业难以通过搜索从外部得到其所需要的知识以及信息。随着知识的生产周期不断缩短，企业面临的问题不是信息不足，而是信息超载。从浩瀚的外部知识中搜索定位得到组织内部所需要的知识，涉及大量的资源投入以及搜索成本，进一步阻碍了企业与外部进行合作。第三，知识转移成本。很多有价值的知识资产以隐性知识的方式存在于科研人员、外部技术专家的头脑以及操作实践中，难以编码成为显性知识在组织间扩散，并且很多企业通常没有与外部主体建立紧密的合作伙伴关系，缺乏与外部主体进行合作的经验，因此难以将外部隐性知识进行有效转移。企业想要在竞争高度激烈的商业生态环境中生存并繁荣，企业不仅需要重视知识的生产，而且还需要重视外部知识的集成、转移和扩散以及资本化。企业需要与外部知识源主体建立起长期合作的伙伴关系，通过良好的合作管理机制来降低知识搜索、转移成本，实现知识的跨边界自由流动以及知识增值。

第三节　针对企业合作伙伴的研究综述

企业主要通过正式以及非正式两种方式与外部主体进行合作，正式化合作是指企业通过正式化的协议或合同与外部组织进行的合作，通过正式化的合作为组织间的知识交换提供了预设渠道。而非正式化合作主要是指在正式化合作之外的组织间的人员交流以及互动，例如由于技术、管理人员的流动、沟通而带来的组织间的知识流动。斯曼德·韦斯特（Simard West，2006）主要通过合作的深度/广度，以及合作方式两个维度，对企业开放式创新合作网络进行了分析（见图 2.11），斯曼德·韦斯特指出与外部建立深厚的正式化的合作关系有利于知识的获得以及开发，但是也容易导致信息冗余从而不利于创新。尽管与企业建立正式化的、广泛的合作会加大协调管理难度，但有利于获得多元化的知识。企业通过非正式化方式与外部建立深厚的合作关系有利于人员的获取以及利用，但会导致知识的冗余。通过非正式方式与组织建立广泛联系有利于创新，但是外部知识以及其商业价值很难由企业捕获[133]。

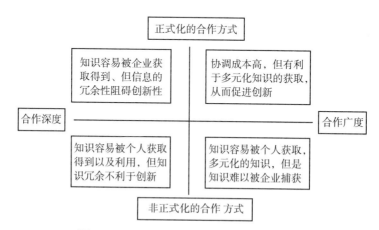

图 2.11　促进开放式创新的组织间合作特征

资料来源：Simard C., West J. Knowledge networks and the geographic locus of innovation［J］. Open innovation：researching a new paradigm，2006：220－240.

合作伙伴关系是指企业为了应对挑战、寻求协同优势而与外部商业主体联合在一起的过程。合作伙伴关系通常包括了人员的交叉任命、口头式协议、正式的战略联盟或者联合大企业，以及兼并、收购、合伙经营。以上这些形式根本的区别就是在于正规程度以及组织的调控水平不同[134]。交易成本经济学认为伙伴关系比其他的合作方式要更频繁的运用于商业合作或交易当中，交易成本理论认为用伙伴关系管理不确定条件下异质性资源的频繁交易，能够有效避免合作双方的机会主义行为。伙伴关系的形成能够减少合作双方的信息不对称，进而降低逆向选择风险以及道德风险[135]。泰特乐等（Traitler et al.，2011）认为随着商业竞争的不断加剧，产品生命周期的缩短，企业单独依靠自身创造的知识已难以适应瞬息万变的市场环境，外部合作伙伴能帮助企业更好地获得开放式创新的成功[136]。企业在开放式创新实践当中，不仅需要与高校、研究院所建构直接的合作关系，而且随着创新项目的发展以及扩大，逐步需要将合作伙伴拓展到客户、供应商、甚至是竞争对手（见图2.12）。企业想要在知识经济时代生存并繁荣，开放与合作已经成了必经之路，因此，众多企业纷纷打破企业边界，与不同类型的外部行为主体进行合作来获取知识。

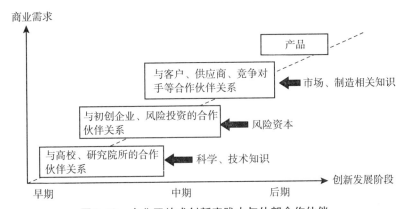

图 2.12 企业开放式创新实践中与外部合作伙伴

资料来源：Traitler H.，Watzke H. J.，Saguy I. S. Reinventing R&D in an open innovation ecosystem［J］. Journal of food science，2011，76（2）：R62 – R68.

一、开放式创新中企业合作伙伴的构成

知识经济的到来促进了企业的创新变革，企业的组织形态逐渐由官僚封

闭转向了扁平开放，连结成为了构建商业关系机制的基本形态。在微观层面，连接表现为企业内部设计、研发、制造、销售等企业无缝连接运营模式；而在宏观层面则表现为企业与供应商、企业与企业之间、企业与用户、企业与大学、企业与研究院所、甚至是企业与竞争对手之间的竞合互动模式。企业内部的协同以及与外部的合作互动有利于企业开放式创新过程中的价值创造以及价值挖掘[114]。

　　从知识流动的角度来说，创新需要协作共赢，而非单一零和博弈的竞争。随着企业边界的模糊化以及包括利益相关者在内的延伸企业等概念的产生，越来越多的企业开始意识到外部知识以及知识网络的重要性。企业的合作伙伴逐步从以前的单一伙伴拓展到客户[137,138]、供应商[139,140]、竞争者[141]、高校[27,142]、政府机构以及技术中介机构[143]、咨询公司[144]等多元化的合作伙伴。与不同主体合作能够降低创新的成本和不确定性，实现规模和范围经济，并与互补资源进行协同，或是赢得政府的支持[14,145,146]，并且与不同主体的伙伴合作关系能够降低契约带来的交易成本，尤其是技术特别复杂的时候[147]。

　　那些善于与外部行为主体全面建立合作伙伴关系的企业往往在竞争中胜出，如宝洁、西门子、礼来、海尔等企业。2000年时，宝洁CEO雷富礼作出重大的战略决策：打开公司大门，要让50%的创新想法来自于公司外部，将公司的研发部门改为"联系＋发展（C&D）"。宝洁通过"联系与发展（C&D）"项目与外部不同主体建立了紧密的合作关系，其中合作对象从消费者学术研究机构、内部全体员工、中小企业、中介服务机构、到企业或行业联盟（见图2.13）。宝洁将"联系＋发展"战略视为创新过程中极其重要的因素，宝洁的联系与发展战略已经促成了1 000多项有效的协议。通过"联系与发展"项目，宝洁的研发创新能力提高了60%，而创新成本却下降了50%。宝洁通过联系与发展实现了从封闭式创新到开放式创新的成功转变，创新的管理模式也由最初的中央集权模式发展成为了跨国整合创新模式、创新密集网络模式（见图2.14）。

　　德国西门子企业同时也是开放式创新创新的典范，对西门子外部，西门子采用"拉模式"，通过训练有素的风险技术专家，系统地搜寻外部技术并将其"拉"进公司；同时，在西门子内部也进行"推模式"的"开放式创新"，通过相关的技术平台，将业务部门的技术问题面向整个公司求解，由感兴趣的相关技术人员将合适的技术"推"进业务部门的应用。此外，西门子通过构建遍及全球的创新网络来密切关注世界各地的创新动态（见图2.15），并尽可能多地挖掘各式各样的创意，与外部高校、研究院所及其他企业结成了广泛的合作伙伴关系，以便与时俱进把握创新潮流。同时，西门子借助自身强大的创新能力和研发实力，不断将各种创意变成创新，此外西门子还成立了专业团队专门负责与创业企业合作事宜，包括众所周知的"车库创业模式"。

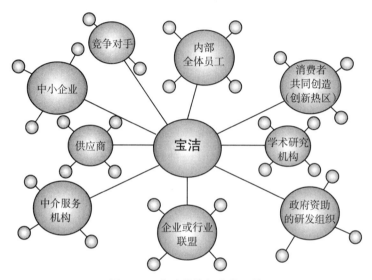

图 2.13　宝洁的外部合作网络

资料来源：本研究整理.

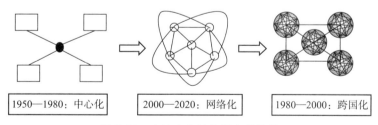

图 2.14　宝洁企业的组织变革路径

资料来源：Cloyd G., Euchner J. Building Open Innovation at P&G［J］. Research – Technology Management，2015（4）：14 – 19.

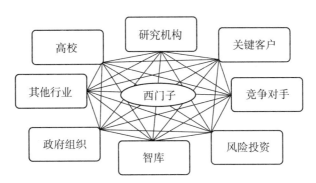

图 2.15　德国西门子企业的外部合作伙伴构成

资料来源：Huff A.，Mäslein K.，Reichwald R. Open Innovation at Siemens AG ［C］. MIT Press，2013：19 - 34.

美国礼来公司（EliLilly）是制药行业中最早采用开放式创新战略的公司。实际上，医药行业不断面临着以低成本尽快推出更多创新产品的压力。为满足这些需求，医药公司逐渐依赖外部创新源泉来加速、巩固及拓展它们的创新渠道。在 20 世纪 90 年代中期，礼来公司高级管理层便开始意识到外部创新源的重要性，开始与外部高校、研究中心以及其他创新中介组织建立广泛的外部合作伙伴关系，作为其整体创新战略的主要组织部分。

海尔企业通过构建内外部协同的开放式创新模式（见图 2.16）来进一步挖掘外部知识的商业价值，并加速企业内部创新流程，通过构建布局全流程并联交互开放式创新生态体系，海尔与全球 36 个顶级供应商、4 个创新中介机构、6 个智库专家网络、29 个行业协会组织、32 个学术机构和 360 个技术公司建立了全球研究资源的合作关系。海尔通过开放式平台"P + D"实现了供应商与客户的深度参与互动，通过与用户的深度交互丰富产品的设计创意，每天有超过 100 万活跃粉丝参与海尔产品的互动，产生有效创意 200 多项，全年产生 7 万多项有效创意。与供应商深度合作，并让供应商参与用户交互和前端设计，根据海尔提供的模块接口，以此形成模块化解决方案。通过与客户、供应商、公共研究院所、创新中介组织以及平台的充分合作以及互动、海尔以更快的速度不断向用户提供颠覆性创新的产品以及解决方案。通过开放式创新的实践，海尔的组织结构由最初的传统的层级结构延伸发展成为了动态的扁平式的创新组织结构，与外部的合作方由原先的零和博弈关系逐步转变成为合作共赢发展模式（见图 2.17）。

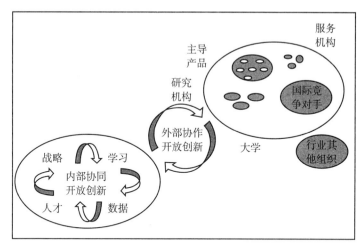

图 2.16　海尔内外部协同创新发展模式

资料来源：本研究整理.

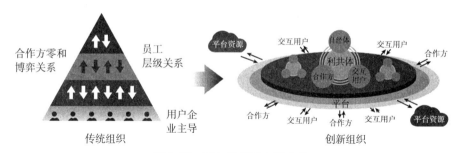

图 2.17　海尔组织形态的变革

资料来源：海尔官方网站.

　　不同性质的合作伙伴对企业的创新活动有不同的影响。学者们通常认为企业与供应商、客户、竞争对手的合作将直接影响对企业内部的创新活动。与供应商合作能够帮助企业获得内部互补资源[148]、降低交易成本[149]、获得互补的隐性知识[150]，进而提高创新效率。此外，准确理解客户的需求是创新的关键，有学者认为创新的过程是"用户主导型"，与客户持续的交流互动能够帮助企业识别新的客户以及再创新的机会[3]，罗斯维尔（Rothwell）和高丁乐（Gardiner）则认为将客户纳入企业产品设计和过程开发过程中能为企业带帮助获取得到互补性内部设计和开发活动，构建最优的性价比组合以及生产规模，减少产品生产之后的修改和调试，加速创新接纳过程，并延长产品生命周期[151]。多森（Dodgson）认为对于重大创新而言，10%的创新活动涉及与客户的合作。而55%的创新活动设计到客户与供应商的共同参与。而针对渐进式创新而言，40%的创新活动是仅与客户合作的，20%的创新活动是与客户和供应商同时合作的[152]。

企业的竞争对手又分为现实竞争对手以及潜在竞争对手。现实竞争对手是指与企业拥有相同的目标客户群，并生产或销售同类、相似产品或替代产品的企业。潜在竞争对手包括相关行业（如上下游企业）或非相关行业内的企业受到利润驱动，加入现实竞争者行列的企业。企业与竞争对手的竞争主要体现在对市场份额以及客户的争夺、价格方面的博弈，相关资源以及信息的排他性获取等。学者们指出与竞争对手合作可以互补或替代内部产品开发过程[153]，共担风险和成本，进入新市场，实现技术和知识的转移[154;155]。多森还指出与竞争对手合作能够获得单独行动不能获得到的利益，实现整合博弈[156]。吉亚瓦利（Gnyawali）和帕克（Park）通过案例研究分析了三星与索尼的合作的动因以及价值创造、价值分配过程，指出与竞争的合作有利于企业的技术创新[157]。此外，有学者指出与竞争对手合作是一场学习竞赛，其中涉及关键诀窍知识外泄的风险，但总体而言与竞争对手的合作关系有利于市场绩效以及创新绩效的提升[158-160]。

从合作视角看，一方面企业由于与竞争对手拥有相同的行业背景知识以及同样的技术缺口需求，与竞争对手的合作有利于知识的规模效应的发挥以及行业标准的共同制定[107]。另一方面，企业试图通过与竞争对手的合作来应对不断缩短的产品生命周期，各种高新复杂技术的融合以及不断增加的研究开发费用[161]。从战略角度来说，一些龙头企业为了维持其在行业领域的领导优势，试图通过合作共同建立行业标准来获得竞争优势[162-164]。从资源的角度来说，企业与竞争对手通常面临着相同的技术困境，与竞争对手合作有利于获得技术创新活动直接相关的资源[165]。因此，在开放式创新背景下，竞争对手可以作为企业重要的外部合作伙伴之一。

高校、研究院所在新知识传播进入经济领域起着关键的作用[8]，高校是企业最重要的外在创新源，尤其是在科学密集型行业如化工和医药领域[166-169]。高校、研究院所作为创造知识、传播知识的主体，主要通过技术转移、合作研发、专利授权等活动来增强区域的整体竞争力以及创造力。豪维尔斯（Howells）指出与高校、研究院所进行合作的企业的创新能力比其他企业要高4~6倍[170]。此外，高校、研究院所还通过公开的文献、学术会议以及研究人员、毕业生的流动为企业提供创新资源[171-173]。曼斯费德

（Mansfield）研究指出将近十分之一的企业创新成果是来源于高校的学术研究[169]。在国家创新体系当中，大学、研究院所技术创新源头作用不断增强。产学研合作进一步深化。2011 年，企业与大学、研究院所一共签订产学研合作项目 81 615 项，成交金额 510.2 亿元，占全国的 10.7%。大学、研究院所输出具有自主知识产权的技术 34 290 项，成交金额 285.8 亿元，占全国的 6.0%。如图 2.18 所示，企业与高校合作的过程主要包括以下四个部分，知识产生、创意测试、技术开发、问题解决等，企业通过与高校、研究院所共同进行技术开发、解决问题有利于知识、信息的互相交换，有利于实现基础知识的探索和应用[174]。彭克曼恩（Perkmann，2012）认为在开放式创新背景下，企业主要通过产权许可、合作研发、协议研究、技术咨询、企业培训等途径从高校获取知识。途径的多样性表明企业与高校进行合作的目的不仅在于获取新颖的技术知识，而且在于获得辅助支持现有创新活动的资源[175]。尽管已有研究强调了高校、研究院所是企业重要的外部知识源，但针对企业如何借助外部高校、研究院所等知识密集型组织来增强自身的竞争优势还亟待进一步的探索。

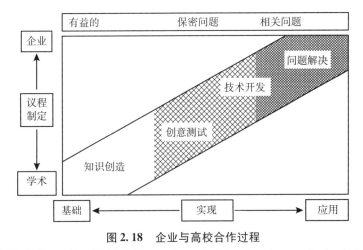

图 2.18 企业与高校合作过程

资料来源：Perkmann M., Walsh K. The two faces of collaboration：impacts of university-industry relations on public research ［J］. Industrial and Corporate Change，2009：dtp015.

智库是指专门从事开发性研究的咨询研究院所。智库是将各个学科领域的专家汇集在一起，为经济发展、社会进步提供咨询服务以及问题解决方案优化的组织，智库通过借助政府或私人投入的巨额研究经费，为社会提供高质量的知识产品。智库既可以是具有政府背景的（如中国社科院、上海国际问题研究院）、也可以是私营的（如胡润研究院、麦肯锡全球研究院、安永会计师事务所、谷歌行动思想库等）。企业与外部智库的合作有利于企业优化内部产品创新方案以及行动决策，随着技术的复杂度的提高，企业研发以及创新需要借助越来越多的外脑才能完成，因此外部智库也成了企业实施开放式创新的重要的外部合作伙伴之一。

创新中介机构主要为促进企业进行技术创新的中介机构，其中主要包括有大学科技园、科技孵化器、生产力促进中心、行业协会等。创新中介机构的主要的作用是：第一，促进并维系组织间网络，通过构建组织间网络促进知识的流动，创新中介机构通过搜集处理信息、转移专有知识、扩散最佳实践技能来促进知识在组织间网络的双向流动[176]。第二，进行技术开发相关活动比如提供接触专家或专业设备的机会[62]、标准制定以及辅助系统开发[177,176]、测试新技术以及新设备的有效性[178]、知识产权管理以及其他科技成果商业化的活动[179,180]。再者，创新中介机构也为企业提供一些其他服务，如大学科技园通常提供物理场地[181-183]、有些中介结构提供的培训活动[178]以及其他相关的市场营销活动的建议[184]。另外，企业通过与创新中介的合作能够增加企业对高校、研究院所的了解程度，帮助企业更好地识别外部有价值的知识、技术等，从而促进企业与高校、研究院所、智库的合作。

尽管现有研究表明企业合作伙伴的拓展与延伸有助于企业内部资源的延伸，但并非所有企业都能够从开放式创新中获益，针对不同行业以及企业之间的特征，外部合作伙伴对企业的创新绩效的影响有待进一步通过实证研究来揭示。

二、知识伙伴的概念以及特征

不论是在制药、生物技术、通信电子等高技术行业，还是在服装、化工、汽车等传统行业，知识都构建了产品以及服务的核心价值。世界经济进入21世纪以来，传统的以低成本为基础的规模经济体系逐渐瓦解退出世界经济的主导舞台。IBM公司由原来的以硬件为核心的获益结构向以服务为中心的结构快速转变，同样将发展重心向服务方面转型的还有摩托罗拉、通用电气、三一重工等企业，这种对服务的偏重显示了对知识的尊重，不论是面向顾客的指导推销服务，还是提供专业领域解决方案的服务，抑或是对客户系统的升级改造，无疑都需要专业的知识以及掌握专业知识的人才。这类企业的市值远远超过了其现有的资产，市场看好知识的价格，投资者相信，企业的大部分知识资产尚有很大的利用空间。知识经济时代，知识作为创意、技术和产品的源泉，被推向了世界各地。

知识经济时代，新的组织结构形态以及新的合作方式和个体的反馈共同影响企业的价值创造过程。乔汉妮森（Johannessen，2010）认为知识经济时代企业的知识创造以及价值创造能力主要取决于企业与外部组织的合作方式、新的组织运营逻辑、员工信息的及时反馈[185]。如图 2.19 所示，企业与外部主体的新的合作方式以及合作组织结构、新的组织运行理念以及个体信息及时反馈这三方面是互相影响的。卡弗斯（Kafouos）认为知识经济背景下企业对外部科学知识的开放程度越高，那么企业内部研发投入的创新产出就越高[186]。

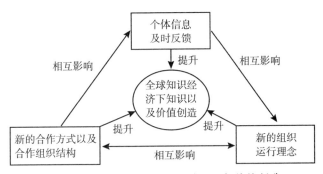

图 2.19　知识经济时代企业的知识与价值创造

资料来源：Johannessen J. A. ，Olsen B. The future of value creation and innovations：Aspects of a theory of value creation and innovation in a global knowledge economy ［J］. International Journal of Information Management，2010，30（6）：502 –511.

知识主要包括两个维度的内容：一方面是可以通过计算机的传输实现共享的显性知识，另一方面是隐藏于人体内部的隐性知识。这两方面相互影响、相互作用推进新知识的生成以及知识使用效率的提高。由此可见，企业与外部高校、研究院所、智库、创新中介机构的接触频率，合作的深度以及广度对于新知识的产生与运用极为关键。坐落在英国剑桥大学附近、以色列的特拉维夫周边地区、美国硅谷的企业的成功很大一部分应归因于这些企业与周边研究院所、大学以及各类智库、创新中介机构的互动以及合作。国内制造企业海尔、新和成、三一重工、浙大网新的成功也纷纷通过开放式创新与外部研究院所、高校、智库、创新中介机构建立了良好的合作伙伴关系，试图借助外部的知识资产来实现自身的技术变革，如图 2.20 所示，浙大网新集团通过创建网新创新研究院创新平台，进一步实现企业与外部高校、研究院所、企业的高度互动合作，并构建起以网新创新平台为核心的知识创新生态体系。

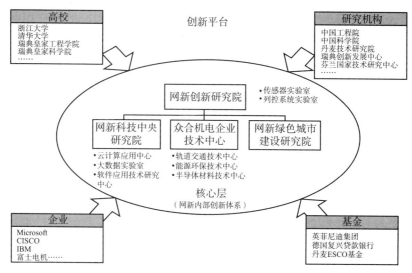

图 2.20　网新创新平台构建

资料来源：本研究整理．

　　企业在实施外部合作战略时，通常会寻求两类外部合作伙伴：①能够有利于企业更好地运用并补充已有知识存量的合作伙伴；②有利于企业探索新知识开展新业务[187,188]。企业与客户、供应商、竞争对手的合作通常是为了更好地利用以及开发企业内部已有的知识存量，而企业与高校、研究院所、智库、创新中介机构等机构的合作的目的主要是探索新知识来拓展企业新业务[50,189,157,190,55,56]。

　　波特认为决定企业盈利能力的首要因素是产业的吸引力，而产业的吸引力体现在新的竞争对手的入侵、客户的议价能力、供应商的议价能力、现有竞争对手之间的竞争以及替代品的威胁等五种竞争作用力当中[191]。波特竞争理论认为影响企业的竞争优势的关键因素在于产业结构以及企业在产业所处的竞争位势，客户、供应商、竞争对手构成了产业价值链相关联的最重要的商业主体。科亨和乐维萨（Levintha，1990）指出从客户、供应商、竞争对手获取到的知识的针对性较强，企业不需要很强的专业知识背景来理解并运用这些知识。居根·豪斯奇德（Jurgen Hauschildt，1992）则指出创新企业的外部信息源当中有关市场的知识大都来源于客户、供应商、竞争对手或附属子公司等。学者维噶·居然多（Vega Jurado）则认为在企业与客户、供应商、竞争对手等合作伙伴进行合作互动时，获取得到的知识大都是有关市场或产业的[192]，大多是针对互补性知识的获取，合作的目标在于识别、挖掘并利用机会以及运用互补性知识[193]。学者福特杰（Fitjar）、郭爱芳等则认为企业与客户、供应商、竞争对手的互动模式主要是基于 DUI（doing，using，interacting）的学习模式，是对经验的知识和诀窍进行获取/生产、转移和整合应用的一系列过程，用来寻找遇到的商业问题的解决方案[61,194]。此外，从创新的过程来看，供应商、客户以及竞争对手的合作主要与产品开发的商业化过程相关联，是与创新过程下游密切相关的利益相关者（见图 2.21）。因此，根据企业与产业伙伴合作目的以及互动模式以及维噶·居然多（2009）的分类，我们将这一类合作伙伴称为产业伙伴。

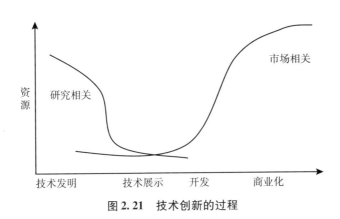

图 2.21　技术创新的过程

资料来源：本研究整理.

已有文献发现与外部创新中介机构、大学、研究院所、智库等组织有合作关系如联盟、契约合作的企业往往有更密集的知识流动以及组织学习过程[14,18,21]，与这些组织的合作有利于知识的积累以及将这些知识融入新的技术和组织创新里面，扩大企业技术选择的决策范畴[195]。此外，企业与大学、研究院所、智库、创新中介机构等进行合作所获取到的知识往往复杂程度较高，需要较强的专业知识基础才能理解并运用。已有研究发现企业与大学、科研机构、智库、创新中介机构进行合作所获取到的知识大多是基于科学、技术、科技政策、管理方面的，通常与大学、科研机构、智库的合作方式主要是基于 STI（science，techology，innovation）的学习方式，主要是通过对科学、技术、科技政策相关联的知识或技术进行获取、转移和应用，来实现产品创新或过程创新[61-63]。此外，企业在与高校、研究院所、智库、创新中介机构合作互动过程中，有以下几个共同的特征：①为企业提供的服务主要是基于知识密集型的，使得它们同其他的合作伙伴区分开来；②高校、研究院所、智库、创新中介机构主要是通过知识的创造、知识转移、知识传递等功能，处于创新过程的上游（见图 2.21）；③合作过程中与企业有很强的互动，知识流动是双向的，这类合作伙伴为企业提供知识或解决方案，但同时通过与企业的合作互动也提高了它们自身的知识存量[196]。④企业与其合作的目标主要是进行知识的协同，发挥知识的协同效应[193]。⑤随着技术知识的复杂程度的提高，企业通过是通过技术合作、契约、共建实体等方式与这些组织进行正式化的合作，一方面是对涉及的知识产权的保护，另一方面，能有效防范并减低道德风险。因此我们将与企业进行合作，并为企业提供知识密集型的技术、服务或解决方案的高校、研究院所、智库、创新中介机构等类型的合作伙伴称之为知识伙伴。通过探索知识伙伴对企业创新的影响，有利于识别并产业结构外影响企业竞争优势的因素。表 2.6 针对知识伙伴以及产业伙伴的特征进行了对比以及归纳描述。

表 2.6　　　　　　　　　　知识伙伴、产业伙伴的特征

特征类别	不同伙伴提供的知识的类别	企业采取的学习方式	波特五力模型分析范围内/外	合作创新目标
产业伙伴	基于产业的市场知识，针对性较强	对经验知识和诀窍进行获取/生产、转移和应用的一系列过程	处于波特五力模型分析内的商业行为主体，影响行业竞争强度以及市场吸引力	对已有知识的充分利用以及补充完善
知识伙伴	科学、技术、管理类的知识，通常知识的隐性程度较高	对科学技术相关联的知识和诀窍进行获取/生产、转移和应用的一系列过程	处于波特五力模型分析之外，通常为专业化的知识密集型的组织	对新知识的探索以及知识的协同

资料来源：本研究整理.

目前关于企业外部合作伙伴的研究大都聚焦在供应链合作伙伴关系[197,198]、虚拟企业合作伙伴评价体系[199]、战略联盟合作伙伴[200-203]、企业

与高校/研究院所的合作关系[204,35]等方面，而针对企业知识伙伴与企业创新绩效的影响并没有得出一个一致的结论[143,205]，本研究将影响企业的产业伙伴、知识伙伴纳入同一个研究框架范围内，旨在探索相对产业伙伴而言，企业与知识伙伴的合作对于创新绩效的影响，并进一步研究企业与知识伙伴的合作互动对于组织学习能力的影响。

三、企业与知识伙伴的合作模式

随着科学技术的发展，知识的隐性复杂程度随之增加，非正式的合作虽然有利于企业获取得到显性知识，但对于隐性知识以及受专利保护的技术知识的获取则比较困难。因此，企业需要与外部主体建立正式化的合作关系来获取外部有价值的知识。通常，企业通过合同协议（contracts）或股权合作（joint venture）的方式与外部合作伙伴进行合作[206]，其中合同协议是指通过合同方式将合作双方的权利和义务进行划定，具体而言，企业主要通过技术许可协议、合作研究协议、战略联盟协议、技术合作框架协议等与外部主体进行合作；而共建实体合作方式是指合作双方共同出资，成立一个新的实体组织，如成立合资公司或者共同研发中心等组织。交易成本理论认为，通过共建实体方式能够很好地规避合作双方的道德风险。社会网络理论则认为企业与外部的合作方式的选择取决于企业所在合作网络的特征，对于长期进行合作的组织不需要通过联合经营方式[207]。

万德·万瑞德（Van de Vrande，2009）指出随着技术不确定性以及环境不确定性的增加，合作方式受到外生不确定性以及内生不确定性的影响，外生不确定性主要是指市场的动荡性，而内生不确定性则包括技术距离、以往合作经历、组织间信任等。当企业面临的不确定程度高时，企业偏向于选择非层级式的管理方式[131]。如非股权联盟、公司风险投资随着合作方式正式化的增加，例如股权联盟收购组织投入资源的可逆转性就越弱，投入的组织承诺越高（见图2.22）。通常企业在与外部知识伙伴进行合作时，是通过股权合作（joint venture）或项目协议等方式，万德·万瑞德（2013）认为合作方式多样性对企业与外部知识伙伴之间的技术相似性与创新绩效的关系起着正向调节作用[130]。

国内学者陈劲，阳银娟（2013）认为企业与知识伙伴的合作关系主要受到企业与知识伙伴的知识存量的互补性以及合作过程中所涉及的知识的隐性程度的影响（如图2.23所示）。当知识存量互补程度较高且涉及的知识为显性知识时，企业偏向于采取利用型合作，如专利授权许可、技术购买等。

但当知识存量互补性较低，而且知识的隐性程度十分高，难以被直接理解、吸收、运用时，企业偏向于采取时间跨度更长的探索型合作，比如合资经营、股权合作、项目共同研发、战略联盟等方式[208]。

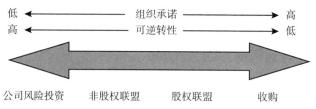

图 2.22 组织承诺、资源投入以及合作方式

资料来源：Van de Vrande，V. Balahcing your technology-sourcing portfolio：How sourcing mode diversity enhances innovative performance ［J］. Strategic Management Journal. 2013，34（5）：610－621.

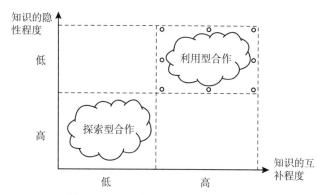

图 2.23 企业与知识伙伴的合作方式

资料来源：陈劲，阳银娟. 企业知识伙伴的理论基础及内涵 ［J］. 技术经济，2013，32（7）：1－3.

第四节 外部合作伙伴对创新绩效的影响

国内学者们针对企业不同合作伙伴与创新绩效关系的研究，大部分聚集在供应链合作伙伴选择[198]、创新合作伙伴选择与创新绩效[52]、合作伙伴特征对创新绩效影响[209]，以及大学—高校合作[51]、产学研、协同创新等方面，研究相对较为分散，缺乏一个整体框架将企业的不同类型的合作伙伴纳入同一个研究范畴内。针对创新绩效在多大程度上受到与知识伙伴合作的影响，目前并没有得出一致的结论，因此，本研究拟进一步探索知识伙伴对于创新绩效的影响。

一、产业伙伴对创新绩效的影响

（一）供应商

以往研究表明企业通过与不同合作伙伴如供应商、客户、竞争对手、研究院所等相互作用能够实现产品创新。供应商通常对于企业新产品开发所需的某些零部件拥有更多的完整的知识。因此，与供应商合作能使企业获得整合供应商视角的产品开发新方法或改进方案[210]。供应商的参与同样能够帮助企业识别潜在的技术问题，因此加速新产品开发速度并及时响应市场需求[211]。莫缇（Miotti）和萨奇万（Sachwal）运用法国 CIS - 2 调查显示与供应商合作对创新产品销售额份额有积极的影响[212]。德斯·范斯（2005）等对比利时制造业企业进行了实证研究，发现企业与供应商的合作互动与改进产品所占销售额呈现正相关关系[213]。聂透（Nieto）和桑塔马瑞（Santamaría）研究了西班牙制造企业创新网络与产品创新绩效之间的关系，发现与供应商合作与产品创新程度有正相关关系[143]。此外，也有学者认为与供应商的合作互动关系有利于企业的渐进式创新绩效的提升[214]。国内学者马新安指出与供应商进行合作能够缩短企业的新产品开发时间、降低生产成本并提高用户的满意度。丰田企业通过与供应商建立长期的合作伙伴关系进而进行知识的共享与转移，实现产品质量一体化以及低水平的生产库存[197]。高效的供应链合作网络使得丰田的产品缺陷率比同行内其他产品低 40%，在 2003 年丰田企业的净利润超过了通用、福特、克莱斯勒三家企业净利润的总和[215]。哈智东恩（Hagedoorn，2000）认为在很多行业内，供应商的早期参与企业的创新过程，能够显著提高创新绩效[28]。西门子企业通过与供应商的深度合作互动而大大降低了生产成本，在帮助供应商降低成本，提高质量的同时，也帮助自身降低了创新成本。如一家向西门子供应砂型铸造机壳的墨西哥公司认为其铸造厂无法实现盈利。于是，一个西门子团队在产品工程师普然蒂普·帕瓦（Pradeep Pawar）博士的带领下，用三天时间对其铸造过程进行了现场调研。工厂管理人员根据西门子专家的建议，重新设计了浇铸系统，不久之后便节省了大量原材料，同时产品质量也大幅提高。在此过程中，他们也为西门子及其供应商节省了大笔费用。

但桑彻茨（Sánchez）和彭尔茨（Pérez）分析了西班牙制造企业，得出与供应商合作并不能改进新产品绩效的结论[216]，法瑞尔分析了英国中小型制造企业发现与供应商合作对于新产品开发绩效并没有显著的影响[45]。乐得委茨（Ledwith）和（Coughlan）运用英国和爱尔兰电子企业的样本数据，研究指出与供应商合作同创新绩效两者之间并没有显著相关关系[217]。此外，博德博茨（Belderbos）等研究了荷兰制造企业发现与供应商合作与产品创新绩效之间有负向相关的作用，但并非高度显著[218]。尽管大部分研究表明了企业与供应商合作有利于提高企业提高产品创新过程的效率和效益（见表2.7），但并没有得出一致的实证结论[219]。

表 2.7　　　　　　　　　供应商合作对企业创新的影响

代表学者	主要观点	
Bonaccorsi（1994）	获得整合供应商视角的产品开发的新方法或改进方案	正向影响
Kessler（1996）	识别技术问题，加快创新速度及时响应市场需求	
Hagedoorn（2000）	供应商的早期参与能有效提高创新绩效	
Miotti（2003）	对市场销售额有积极的影响	
Faems（2005）	与供应商合作与改进产品所占销售额正相关	
Nieto（2007）	与产品创新绩效正相关	
马新安（2000）	缩短新产品开发时间、降低生产成本，提高用户的满意度	
Dyer，Hatch（2006）	降低产品缺陷率	
Sanchez（2003）	与供应商合作并不能改进新产品绩效的结论	不显著相关
Freel（2003）	与供应商合作对于新产品开发绩效并没有显著的影响	
Belderbos（2004）	与供应商合作与产品创新绩效之间有负向相关的作用	
Ledwith（2005）	供应商合作同创新绩效两者之间并没有显著相关关系	

资料来源：本研究整理.

（二）客户

　　与客户进行合作互动是企业提高创新绩效的另一个途径。与客户进行合作互动不仅能够为技术发展识别市场机会，而且能够再产品开发早期避免不满意的设计[220-222]。此外，理解潜在客户的需求能够帮助企业开发解决方案的新想法并识别早期市场需求，因此增加产品开发和成功的概率[223]。因此，与客户建立合作伙伴关系能够促进产品创新优势。德斯·范斯和法瑞尔发现与客户合作对产品创新绩效有积极的影响[213,45]。艾特拉（Atallah）认为企业与供应商、客户的合作互动对企业研发绩效的影响要大于与高校、研究院所的合作的影响[224]。查特吉（Chatterji）以及法博瑞茨（Fabrizio）运用医疗器械企业的面板数据进行了实证研究，表明企业与用户进行创造性合作有利于获取用户知识，促进企业内的产品创新，并且针对产品的根本性创新影响意义更大[225]。已有文献指出了特定产品用户对于企业创新过程的贡献[226,227]，并指出企业能够制定出有利于用户参与企业内部创新的战略[228]。聂透和桑塔马瑞发现与客户合作对渐进式创新绩效有正向的影响，但对于根本性创新绩效影响不大[143]。彼勒（Pillar）和艾尔（Ihl, 2009）认为企业通过与客户的合作能够激发企业进行产品创新，并且能够进一步提高企业的竞争优势[229]。

但也有研究指出客户参与与创新绩效并不存在显著的正向关系（见表2.8），如莫缇对法国制造企业进行研究，指出企业与客户合作对创新绩效影响不大[212]，罗夫（Lööf）和赫诗曼蒂（Heshmati, 2002）针对瑞典制造企业进行了研究，发现客户参与与创新绩效之间呈现负相关关系[230]，此外，博德博茨等指出与客户合作同新产品销售额变化的相关关系并不十分显著[218]。弗斯（2011）年指出企业与客户进行互动对创新绩效并没有直接的促进作用（见图2.24），企业与客户互动程度需要通过组织设计的中介作用间接影响创新绩效，企业与用户的互动有利于企业组织的分权化、知识激励以及内部沟通交流，进而间接影响企业的创新绩效[231]。

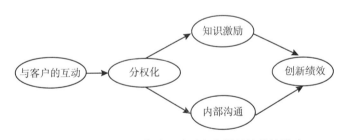

图 2.24 企业与客户的互动对企业创新绩效的影响

资料来源：Foss, N. J., Laursen, K., Pedersen, T. Linking customer interaction and innovation: The mediating role of new organization. alpractices [J]. Organization Science, 2011, 22 (4): 980 – 999.

现有研究为解释用户参与企业创新提供了理论基础[226]，并且为管理者们发掘潜力用户提供了有力的视角及工具[232]，但针对用户知识对于企业创新绩效的贡献，以及如何与用户合作对创新最有利还缺乏系统的实证研究。

此外，不同研究由于研究对象的不同，得出的研究结论往往差异较大，得出的结论的普适性有待进一步的验证。

表2.8 客户合作对企业创新的影响

代表作者	主要观点	
Von Hippel（1986）	与客户的早期合作能够有效提高产品开发的成功概率	正向影响
Freel（2003）	与客户合作对产品创新绩效有积极的影响	
Jeppesen（2003）	与用户合作能够促进内部创新战略的实施	
Nieto（2007）	对渐进式创新有积极的影响，对根本性创新影响不大	
Jeppesen（2006）	对创新过程有积极的影响	
Pillar（2009）	促进企业进行创新	
Foss（2011）	企业与客户的互动合作对创新绩效有间接的促进作用	
Chatterji（2013）	能够有效促进产品创新，对根本性创新有重大影响	
Miotti（2003）	企业与客户合作对创新绩效影响不大	非显著相关
Belderbos（2004）	与客户合作与新产品销售额的相关程度不大	
Lööf（2002）	发现瑞典制造业企业客户参与与创新绩效负相关	负相关

资料来源：本研究整理.

（三）竞争对手

越来越多的企业开始与竞争对手开展合作，如通用与丰田共同组装汽车，西门子与飞利浦共同开发半导体，法国汤姆森公司和日本胜利公司合作共同生产录影机、海尔与三洋的技术合作、上海家化与法国欧莱雅进行技术合作等。作为中国白色家电的"领头羊"，国内海尔企业深谙合作之道，在2002年就开展了与三洋企业的合作。双方通过合资建立了新公司"三洋海尔株式会社"，在关键零部件的生产和供应上进行协作研发。除此之外，海尔与三洋还在技术和人员交流上进行合作。而作为日用产品的中国老牌企业，上海家化企业自从20世纪80年代就开展了与国际竞争对手的合作，通过合作不断提升自身的研发水平。上海家化在1987年与法国欧莱雅建立技术合作关系，并在合作过程中，将科学概念引入新产品的开发生产，逐步建立起自身的研发体系。除此之外，上海家化还与日本狮王（Lion）、美国庄臣（S. C. Johnson）、法国丝芙兰（Sephora）公司、日本花王（Kao）集团达成战略合作关系，共同进行新产品的研发、生产以及销售。

在互联网时代，企业与竞争对手合作不仅仅能让企业了解到竞争对手的商业理念和资源能力，而且通过建立共同的合作目标，能够实现知识的转移以及双赢的格局，增强自身的核心竞争力[107]。企业在产品创新过程中通常很少与竞争对手进行合作[233]，但与竞争对手合作仍旧能够带来一些好处。企业通过参与合作协议，来实现技术知识和技能的共享，在竞争领域之外寻求解决常见问题的协同效应[160]。因科彭（Inkpen）和帕尔（Pien）通过案例分析指出与竞争对手合作使得企业能够更好的技术创新[234]。同时，企业通过与竞争对手进行研发合作能够提高创新能力，从而减少技术创新的风险和成本[218]。再者，与竞争者合作能够让企业探知竞争对手的技术水平，那些对竞争对手技术战略更了解的企业能更好的实施差异化策略[205]，罗夫和赫诗曼蒂发现与竞争对手合作对新产品销售额有正相关关系[230]。尽管如此，也有学者研究指出企业与竞争者合作对于创新绩效有不显著的消极影响[212]。聂透以及桑塔马瑞研究发现与竞争对手合作对渐进式产品创新没有影响，但是对于新功能的产品创新有消极影响[143]。福特杰等认为企业与竞争对手的合作会对企业进行产品创新的能力造成负面的影响，但是对于过程创新的影响则不显著[61]（见表2.9）。

表 2.9　　　　　　　　　　与竞争对手合作对创新的影响

代表作者	主要观点	
Linn（1994）	了解竞争对手的技术水平	积极的影响
Tether（2002）	有利于实现技术知识和技能的共享，寻求解决常见问题的协同效应	
Loof（2002）	与新产品销售额正相关	
Inkpen，Pien（2006）	与竞争对手合作有利于企业技术创新	
Belderbos（2004）	与竞争对手进行研发合作，能够减少创新的风险和成本	
Miotti（2003）	对于创新绩效有不显著的消极影响	消极影响
Nieto（2007）	对于新功能的产品创新有消极影响	
Fitjar（2012）	对企业进行产品创新的能力造成负面的影响	

资料来源：本研究整理.

与竞争对手合作的研究的理论基础分析大都构建在博弈理论，资源基础观以及交易成本经济学[159]。资源基础观以及博弈理论解释了为什么相比与非竞争对手的合作而言，与竞争对手的合作更加有利于企业创新[160]。博弈理论观认为，与竞争对手的合作能够实现正和博弈，为合作方创造出更多价值。此外，资源基础观视角下，企业与竞争者通常拥有相似的知识背景以及市场特征，有利于促进企业与之合作，实现资源的规模化效应。此外，从交易成本经济学看来，竞合关系是相当有风险的行为，因为与竞争对手的合作将可能导致机会主义行为[235]。机会主义行为风险将阻碍企业与竞争对手的合作[236]。瑞塔拉（Ritala）从企业与竞争对手拥有的相似知识存量，正向网络外部性以及价值创造视角分析了为何企业与竞争者的合作有利于企业渐进式创新以及原创式创新，但其研究主要基于理论推导，而缺乏实证数据的支持[237]。聂通（Nieto）与桑他马瑞（Santamaria）认为企业与竞争对手的合作缺乏足够多的信任，容易导致高度的机会主义行为风险，对重大型的产品创新有负向的影响，但其研究主要针对的是科技含量较低的制造业领域。而对于高科技企业来说，与竞争对手的合作对于创新有积极的促进作用[236,160]。

尽管已有研究探索了企业与竞争者的不同性质的关系对企业创新的影响，但是目前并没有得出一致的结论，制造业企业如何通过与竞争对手的合作互动来提升自身的创新绩效需要进一步验证以及研究。

二、知识伙伴对创新绩效的影响

（一）高校或研究院所

随着技术的复杂性增强，高校、研究院所逐渐成为企业重要的合作研发伙伴[28,238]。高校、研究院所的知识主要通过正式或非正式的方式流入产业经济当中。非正式方式包括公开发表的文献，从高校毕业的毕业生等[172,173]，而正式方式则包括企业与高校研究院所的正式化合作，以合同契约、股权合作以及专利许可等方式将知识转移流入企业内部[175]。再者，针对不同的技术创新过程，企业分别采取不同的正式化合作策略从高校获取知识（见表2.10），如通过探索性联盟和开发性联盟伙伴关系实况企业的技术机会探索和产品开发活动，分别通过技术获取、研发外包合同契约方式从高校获取技术机会，并完成产品开发活动。

表 2.10   从高校获取知识的策略

		伙伴关系（partnering）	合同契约关系（contract）
目的	技术机会探索	探索性联盟	技术获取
	产品开发活动	开发性联盟	研发外包

资料来源：Perkmann M., Walsh K. How firms source knowledge from universities: partnering versus contracting [C] Creating Wealth from Knowledge: Meeting the Innovation Challenge. Edward Elgar Publishing, 2010: 273.

已有研究针对企业与高校、研究院所合作的动因[233,239-241]、合作过程[54]、合作方式[61,242]以及合作为企业带来的影响[16,17,200,243]也进行了研究，随着技术、知识复杂程度的增加以及内部研发成本的急剧增加，越来越多的企业逐渐开始打开企业边界，通过不同的合作方式与外部高校、研究院所、智库等组织建立了长期的合作伙伴关系（见图 2.25），并为企业带来互补性知识和外部技术资源，帮助企业拓展新兴市场，加速产品创新过程降低企业创新成本。

图 2.25　企业与高校、研究院所合作的动机、方式以及影响
资料来源：本研究整理.

企业与高校或研究院所之间的合作能够降低研发成本、分散成本、并有利于高校、科研机构之间资源和互补能力的获得。在政府的积极宣导和鼓励下，越来越多的企业通过与高校或研究院所合作来实现产品创新，高校和研究院所是创造和传播科学知识的重要组织[244,245]。企业通过与高校或研究院所建立正式或非正式的联系来获取新的科学知识，促进产品或过程创新[19]。相比之下，那些不从高校或研究院所获取技术知识的企业则会落后，它们实现技术突破进行产品商业化的概率也降低[246]。一些研究指出技术创新大大依赖于从高校和研究院所获取得到的知识[247-249]。博德博茨、德斯·范斯、聂通等发现与研究院所或高校进行合作对产品创新绩效有积极的影

响[218,213,143]。赛特·古德曼（Cyert Goodman）认为企业与高校、研究院所的合作不仅有利于相关技术的商业化，而且能够促进激发组织间学习[250]。汉讷·森特彼尔（Hanel，St - Pierre）对加拿大制造企业企业与高校的合作对于绩效的影响做出了研究，结果表明在知识密集型的行业，与高校的合作对创新绩效以及财务绩效都有积极的影响[167]。博德斯（Bodas）指出在新兴产业的企业与高校合作对创新绩效的影响要比传统行业的影响要大[50]。彼尔斯（Beers）和赞德（Zand，2014）认为企业与外部高校、研究院所进行研发合作为企业带来的好处主要体现在两个方面：第一，不论合作项目的成功与否，合作的经验都能为企业带来了管理、协调外部合作关系的能力，通常企业从合作的失败经验中往往能够学到更多，有利于企业以后更好的管理这种研发合作关系；第二是直接提升企业创新相关的技能，在正式化合作过程中往往伴随着许多非正式交流以及沟通，这些都有利于企业获取、吸收并利用外部前沿领域积累的知识和创意[40]。

尽管如此，也有学者们发现与高校或研究院所的合作对产品创新绩效有负向的影响[19,217,251]。此外罗夫、海诗曼蒂指明与研究院所的合作同产品创新绩效之间并不存在相关关系[252]。管（Guan）通过对北京950家企业的调研，指明企业与高校或研究院所的合作有利于企业的技术创新的新颖性，但合作对创新财务绩效并没有显著的影响[190]。国外学者豪维尔斯（2012）对英国企业的调研报告中，企业不愿意与高校、研究机构进行合作的主要原因有：第一，企业不知道高校、研究机构能够为企业提供什么；第二，合作成本较高，周期较长；第三：目标期望不匹配、高校聚焦在长期目标、而企业需要短期见效的解决方案，第四，文化背景差异导致交流不够充分彻底[253]。此外，企业与高校、研究院所的合作涉及大量的交易成本、时间成本、沟通成本、协调管理成本，以及由于项目失败给企业带来的损失。因此，在企业管理实践中，很多企业并未将高校、研究院所作为重要的知识来源以及潜在合作伙伴。

尽管现有研究针对企业与高校、研究院所的合作对产品创新绩效的影响，但是并没有得出一致的结论，产业与研究院所的联系只是众多影响创新绩效的其中一个因素，由于涉及非常具体化的诀窍知识，只有部分特定产业才显示出与研究院所的合作对创新的影响，为作出合理的解释，还需要进一步了解高校、研究院所如何影响企业创新。本研究拟通过组织学习的研究视角，聚焦企业与高校、研究院所的合作互动对企业创新的影响。

（二）智库

企业与外部智库构建合作伙伴关系，不仅能够获取创新活动的知识及信息，而且能够获得在传统行业内难以获取得到的创意[160]。智库通过在不同组织之间"交叉传粉"从而将不同行业的最佳管理实践或者创意进行传播，从而扩大企业的创新源泉。再者，智库往往能够更好地洞察企业的创新需求以及匮乏资源，进而帮其找到合适的创新合作对象[184,254]。尽管目前研究表明与外部智库的合作有助于帮助企业获取到所需的资源，但是对于企业与智库的合作对于创新绩效的影响还需要进一步通过实证研究来进行论证。

（三）创新中介机构

三螺旋创新理论强调了创新主体企业、高校、政府三者以市场需求为纽带，围绕知识生产和转化，相互连接在一起，形成的螺旋上升的三重螺旋关系[255,256]。尽管三螺旋创新理论补充了大学—产业、大学—政府、产业—政府的双螺旋模式的不足，但是它并没有将创新体系当中的中介机构纳入，随着创新生态体系的不断演化，各类创新中介机构在创新体系中发挥着越来越重要的作用。殷·通（Yen Tran）等认为在服装行业企业与外部创新中介机构的合作能够降低企业产品开发的成本以及风险，提高新产品开发速度[257]。

创新中介机构是促进企业与高校、研究院所、智库形成网络集群或建立合作关系的中介机构。根据创新中介机构起的作用的不同，创新中介机构其中又包括了促进产业—大学、研究院所合作的技术中介机构，如大学科技园、科技孵化器、生产力促进中心等；以及促进企业与企业之间的合作以及互动的中介组织，例如行业协会等组织。

技术中介机构如科技孵化器、大学科技园、生产力促进中心等与高校、研究院所有着紧密的联系以及交流，对高校、研究院所的情况十分熟悉了解，企业通过与技术中介机构合作能够间接获取到许多有关于高校、研究院所的科研成果动态信息。此外，技术中介机构与外部不同类型的组织或机构进行互动交流，拥有一个广泛的外部合作网络，所拥有的信息以及知识的种类较为多样化，企业与中介机构的合作有利于拓展初创企业外部知识搜索的范围，降低搜索外部知识的成本[258]。桑（Shane）指出借助技术中介机构的广泛的社会网络，企业能够降低合作过程中的信息不对称性，大大节约对创新时间成本以及资金成本[259]。斯尔格（Siegel）指出由于大学科技园是大学科学和技术知识的重要溢出途径，入驻在大学科技园里的企业在提供新产品、新服务以及专利产出方面比科技园外部的企业要更强[180]。技术中介机构在科技活动与创新过程中起着重要的作用，它能将知识创造的源头与企业紧密联系起来，使他们相互作用，相互链接，使得科技资源配置最优化。企业与技术中介机构进行合作能够进一步加速企业有效获取创新过程中所需的科学知识以及技术资源，通过技术中介机构的服务与引导，使得企业与高校、科研院所的合作更具有效率。

行业协会通常是指拥有专门知识或者能力的非营利性组织，行业协会能够促进政府制定者了解企业的活动，进而制定出有利于企业进行创新的制度环境，从这个方面来说行业协会属于创新中介机构。戴资（Dalzie）通过对加拿大 2 000 家初创企业的研究，指出行业协会逐渐成为企业重要的合作对象以及创意来源，在发展中国家，行业协会通常对企业创新以及经济发展活动起着积极的作用[260,261]。

三、现有研究不足以及对本研究的启示

通过文献综述可以发现，目前学者对企业外部合作主体与创新的关系给予了极大的关注，但现有研究还比较分散，并没有形成一个整体的研究框架，仍存在值得进一步探索的地方。

首先，目前对于价值链合作与创新的研究非常多，而往往忽视竞争对手的合作对创新的影响研究。尽管已有研究探讨了与竞争对手合作对于企业绩效的影响，但由于研究背景、情景的差异，仍然没有得出一致的结论。在波特五力模型当中，外部用户、供应商、竞争对手均为影响整个产业结构以及产业吸引力的重要因素，因此，将用户、供应商、竞争对手纳入产业伙伴这一研究框架将有利于企业动态战略理论的构建和完善。

其次，目前针对企业与高校、研究院所、创新中介机构的合作主要集中在如何将科技成果产业化、产学研合作等领域。现有研究关注的重点仍然是"合作与否"对企业的创新的影响，而从合作互动的视角研究知识伙伴对于企业创新的实证研究还相对较少。随着高校、研究院所对知识资产的商业价值的高度重视，以及对知识产权的保护，企业通过非正式的方式获取得到高校、研究院所有价值的资产越来越困难。针对企业通过何种方式，以及如何有效利用、整合、吸收、运用外部知识伙伴的隐性知识还需要通过进一步的实证研究来进行验证和探索。

最后，尽管开放式创新研究将外部创新源主体用户、供应商、竞争对手、高校、研究院所、外部中介机构纳入了同一个研究范式体系，但是相对较为

笼统。对企业的整体的合作策略以及合作方式的选择缺乏一致的关注。因此，企业与外部创新源主体的合作互动程度与组织学习能力、企业创新的关系需要得到进一步的探索和验证。

第五节　组织学习能力综述

一、组织学习能力的概念以及维度

目前对于组织学习能力缺乏一个统一的定义和研究定义。戴贝拉等（Dibella et al.，1996）通过欧美企业进行案例研究，将组织学习能力定义为企业为了维持或者提升绩效，不断进行知识获取如技能开发、远见的培养、关系的开发等；知识转移，包括知识扩散给其他人；知识运用，包括整合学习过程中吸收学习到的知识，并运用于新的情景的过程[64]。简瑞茨·巩瑞茨（Jerez Gomez，2005）认为管理承诺、系统思考、开放性与试验以及知识传递与整合是组织学习能力的四个重要维度[262]。弗斯等（Hsu et al.，2009）将认为组织学习能力主要包括吸收能力和转化能力。琳达·阿格特（Linda Argote，2011）认为组织学习能力是组织惯例以及行为的改变，是经验的函数，其中主要包括知识创造、知识保留以及知识转移三个子过程。

国内学者陈国权组织学习进行了系统的研究，构建了组织学习行为以及组织学习能力的模型（见图2.26），对认为企业的组织学习能力体现在组织学习的各个阶段，主要包括发现能力、发明能力、选择能力、执行能力、推广能力、反思能力、知识搜索获取能力、知识输出能力以及建立知识库的能力[263]。李正峰（2009）等认为组织学习能力主要体现在以下几个方面：①知识吸收能力，指组织从内外部谈搜获取知识的能力。②知识转移能力，指组织及其成员将知识和经验在组织内扩散、传播的能力。③合作学习能力，指组织及其成员之间互教互学、群化隐性知识、融合显性知识的能力的能力[264]。尽管国内外学者分别从不同的理论视角对组织学习的定义进行了阐述，但仍缺乏一个整合的视角。本研究拟从组织学习的前因、过程、后果对组织学习能力的概念和维度进行进一步的梳理。

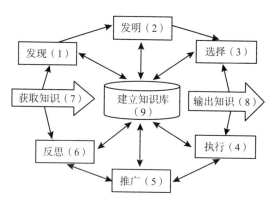

图2.26　组织学习能力以及组织行为

资料来源：陈国权. 组织学习和学习型组织：概念，能力模型，测量及对绩效的影响［J］. 管理评论，2009，21（1）：107－116.

（一）组织学习的前因

知识基础观认为知识是企业最重要的资产，企业的知识存量以及开发、利用创造新知识的能力决定企业在市场中的竞争能力，异质性的隐性知识是制造型企业创造可持续竞争优势的源泉[49,194]。因此，如何获得并创造异质性的隐性知识成为了组织学习的关键要素。总体而言，组织学习主要受到组织内部以及外部知识源两方面的影响。组织内部已经积累的知识影响组织成员的知识获取以及不同类型的知识存量的增加，因此个体在组织内学习到的知识很大程度上取决于组织公开的组织知识库。开放式创新环境下，组织学习不仅受到自身知识记忆、已有的知识存量的影响，并且也受到与组织相关联的外部知识源的影响。企业对外部合作伙伴的选择以及合作方式的选择都会在很大程度上影响到组织的知识获取、知识集成以及运用等过程[265,19,225]。此外，组织学习还收到吸收能力的影响，即组织从外部环境中识别、吸收并利用知识的能力[8,105]。

（二）组织学习的过程

组织学习被认为是一个基于动态的过程，是知识在个体、团队、组织等层面动态流动的过程[266,267,65]。从技术推广视角来看，组织学习的过程划分为发现、发明、执行和推广4个阶段[268]。从知识和信息流动的角度，组织学习可以分为知识获取、信息散布、信息解释和组织记忆4个阶段[65]。从知识创造的视角来看，组织学习是组织动态并连续地创造知识的过程，这个过程包括了知识的整合化、外显化、社会化、内隐化的过程[1]。此外，汉博纳（Hübner）则将组织学习过程整合为三个阶段：知识取得、知识共享和知识应[269]。尽管不同学者分别从不同视角阐述了组织学习过程，但这些理论并非互相排斥，而是互相补充的，将这些理论进行整合有利于更加全面理解组织学习过程。

（三）组织学习的后果

组织战略理论观认为组织学习是企业竞争优势的基础，是不同组织间形成异质性价值资产的关键因素[49]。组织学习有利于企业知识的积累以及洞察力的获得，能够帮助企业发现并解决问题[270]，改变组织行为[65]，并更好地适应外部政治、经济以及产业环境[271]、提高企业运营绩效[272,273]。

开放式创新强调企业有价值的创意思想以及知识不仅可以从企业内部获得，而且也能同时从外部获取得到[274]。一方面，企业在将外部有价值的创意进行商业化的过程，企业组织学习能力相应能够得到提高。企业的组织学习能力对外部创意的挖掘与开发利用至关重要。企业组织学习能力的提高不仅需要通过"干中学"，即从不断的实践中积累知识，提高学习能力。而且，企业也可以从与其他组织的合作互动过程中获取知识，提高学习能力。例如，企业在与知识伙伴互动过程中，获得许多新知识。另一方面，随着知识的更新换代，其他外部组织的知识存量也在不断更新，并体现在企业实施战略、技术、生产过程及管理实践和路径当中。组织间的合作关系，如联盟[33,187]、网络[53]、技术转移[247]或者研发合作[54]都是组织学习的重要途径。因为合作促进了不同知识结构背景的组织成员之间的交流和接触，在这个过程中，组织成员获得了更多的知识分享并获取不同领域的互补性知识，能够实现知识的"交叉传粉"，并带来更多创新理念与创意。金（Kim，1993）以及摩高（Morgan，1997）将组织学习过程看成是获取、解读以及运用新知识的过程，汉博（Huber，1991）也认为组织学习是获取、扩散、解释以及存储新知识的过程。琳达·阿格特则认为组织学习包括三个阶段，分别是知识获取、知识分享以及知识存储[275]。弗斯（2009）认为组织学习能力主要由知识吸收能力以及转移能力组成，其中吸收能力主要体现在对外部有用知识以及信息的搜索能力以及识别能力，以及对未来发展所需要的核心知识的预测能力；而知识转移能力则体现在企业对内外部知识的分类、整合、重新运用于新的动荡环境的能力[276]。

基于已有理论基础，我们将企业的组织学习能力定义为组织为了适应环境的变化或获取与维持企业的竞争优势，在组织内外进行知识搜索获取、知识转移、知识整合运用的社会互动过程。其中主要包括有知识搜索获取能力、知识转移能力、知识整合运用能力三个维度，下文将针对不同维度涉及的内容进行阐述。

1. 知识搜索获取能力

知识搜索通常指组织对内、外部知识源的种类、数量、地理位置等情况进行查找、扫描与评估等活动。知识获取则是指在实施知识搜索之后，对外部知识源主体如供应商、客户、竞争对手、研究院所、大学、创新中介机构等进行知识捕获（capture）与采集（connect）的过程。大多数企业不能有效识别获取外部知识很大程度上是因为其嵌入式的知识存量，能力过于刚性以及管理层在认知层面的路径依赖[277,278]。罗森 & 萨特（Laursen&Salter，2004）也指出，对外部知识搜索的广度和深度对于促进组织学习具有重要意义[168]。组织学习有效性不仅体现在对影响市场需求知识的判断和识别，而且还需要对影响未来市场需求的外部知识的搜索和获取。

2. 知识转移能力

完整的组织学习过程离不开知识的转移，知识转移能让知识以"2 的 N次方"的速度在组织内部进行扩散，分享转移让知识变得更多，西门子通过及建立内部搜索引擎实现了知识的全球化分享以及转移，好的创意以及技术改进流程都可以通过内部网站的创意竞赛得到分享以及传播。西门子一名技术工程师科然斯（Krois）表示："不再分什么我的知识、你的知识或者我的宝贵秘密，因为只有分享，知识才能增长"。从组织边界来看，知识转移能力不仅包括组织内部（intra-organizaitonal knowledge transfer），同时也包括跨组织间（inter-organizational knowledge transfer）。而从知识属性来看，企业的知识分享转移既包括有显性知识的转移，也包括隐性知识的转移。显性知识可以计算、量化、记录而且容易分享。而隐性知识很难量化、评估和分享，例如专业领域知识、技术方法、人缘人脉、直觉、心理模型、信心和信任等[1]。大部分企业中的知识都是隐性的，因此，要想在组织内部广泛地分享转移隐性知识，必须将隐性知识转化为显性。不论隐性知识还是显性知识，只有在组织内部实现广泛地分享以及转移才能发挥知识的最大效用。因此，本研究将知识转移能力作为组织学习能力的维度之一。目前针对知识转移的研究主要集中的促进或阻碍知识转移的因素，如因果模糊性、组织特征如吸收能力、特长[279]、相似性[280]以及单元之间的关系的质量[281]。尽管已有研究针对影响知识转移的认知以及社会因素做出了研究，但是针对合作视角对知识转移的研究还有待进一步研究。

3. 知识整合运用能力

知识整合运用能力主要指组织将从外部知识源所获取的知识有效地加以结合（combination），并推进这些知识与组织自身内部先前知识实现良好的融合，使它们能有机地整合在一起，并有效运用到组织内部解决现有问题、开发新产品或者服务。学者宋（Song）认为知识运用主要是企业为了及时应对技术变化将知识融于新产品、新过程开发的过程，企业的研发预算、长期导向、正式化激励、组织冗余、信息技术，以及用户、供应商网络都会影响到组织内部知识运用程度[282]。有效的组织学习取决于新知识的运用，并且有助于组织能力的提升。创新是不断整合运用内部、外部知识来应对不断变化的外部环境的过程，组织学习不仅涉及知识的搜索获取、分享转移、还涉及组织对知识的整合以及运用。因此，本研究将知识整合运用过程作为组织学习的一个维度。

表 2.11 对已有学者的研究以及维度指标来源文献进行了描述列表，可以看出组织学习能力的这三个环境是与组织知识创造过程密切相关，同时也是衡量组织学习效率以及效果的重要指标。

表 2.11 　　　　　　　　　　 组织学习能力的维度划分

维度	定义	概念来源
知识搜索获取能力	知识搜索获取通常指组织对内、外部知识进行查找、扫描与评估等活动，并且在实施知识搜索之后，对外部知识源主体如供应商、客户、竞争对手、研究院所、大学、智库、创新中介机构等进行知识捕获与采集的过程。	Kim（1993） Cohen&Levinthal（1990） 郭爱芳（2010）
知识转移能力	知识转移能力指知识以不同的方式在不同组织或个体之间进行分享、转移或传播的能力。	Szulanski（1996） Nonaka（2006） Hsu Fang（2009）
知识整合运用能力	知识整合运用能力主要指组织将从外部知识源所获取的知识有效地加以结合，并推进这些知识与组织自身内部先前知识实现良好的融合，使它们能有机地整合在一起，并有效运用到组织现有问题解决以及创新过程当中。	Kogut&Zander（1992） Grant（1996） Jerez－Gomez（2005） 郭爱芳（2010）

资料来源：本研究整理.

二、组织学习能力对企业创新的影响

创新不仅需要给利用已有的知识并且将这些知识在内部进行分析，而且还需要从外部获取知识。知识的获得一方面依赖于组织自身的知识存量，另一方面需要依靠外部信息和知识[283]。企业从外部获得知识的能力又取决于企业从外部吸收创意的能力，如企业理解、吸收运用外部新知识于商业用途的能力[8]。组织学习有利于提高企业的吸收能力。创新同样需要对已有知识的转化以及开发，这个过程需要员工分享信息和知识。

创新包括了在组织内部成功实现创意想法的过程，和企业组织学习密切相关[284]。如表2.12所示，定性研究方面，麦克（Mckee，1992）指出产品创新是一个组织学习的过程，并且知识学习能够提高创新的效率和效度[285]。维尔·怀特（Wheel wright）以及克拉克（Clark，1992）指出学习在新产品开发中发挥中关键的作用，因为组织学习有利于组织作出行为调整，来适应不断变化的环境，如客户需求不确定性、技术开发或者是竞争动荡性[286]。诺纳卡（1994）指出，当企业员工在组织内部分享知识时，有利于产生新的远见和创意、组织学习，有利于企业发展、获得、转化和利用新知识并促进企业创新[90]。弗瑞斯特（Forrester，2000）从成本缩减的角度，通过两个汽车制造企业的比较研究，发现组织学习有利于企业创新[287]。央（Yeung，2007）同样指出组织学习能够影响制造企业的创新[288]。

表2.12　　　　　　　　　组织学习能力对企业创新的影响

代表学者	主要观点
Mc kee（1992）	产品创新是一个组织学习的过程，组织学习能够提高创新的效率和效度
Forrester（2000）	通过案例研究发现组织学习有利于缩减创新成本，从而促进创新
Yeung（2007）	组织学习能够影响制造企业的创新
YliRenko（2001）（2001）	知识获取对组织创新有积极的影响
Weerawardena（2006）	指出三种不同类型的组织学习均影响企业创新强度
Alegre（2008）	组织学习能力的不同维度均在不同程度上促进创新
Chang（2008）	指出组织记忆分享，组织对外部知识的利用以及知识保存的正式化程序能够促进创新

续表

代表学者	主要观点
周玉泉（2005）	企业的外部学习和内部学习对企业创新都具有正向的影响，
陈国权（2005）	通过实证调研，认为组织学习能力与组织绩效密切相关
朱朝晖（2008）	企业的探索性学习与组织创新绩效正向相关

定量研究方面，尹立·任科（Yli Renko，2001）发现知识获取对创新绩效有积极影响。维尔瓦达纳（Weerawardena，2006）指出三种不同类型的组织学习均影响企业创新强度[289]。艾勒格瑞（Alegre，2008）通过实证研究，表明了组织学习能力的不同维度均在不同程度上促进创新[290]。常（Chang）和稠（Cho，2008）指出组织记忆分享，组织对外部知识的利用以及知识保存的正式化程序能够促进创新[283]。国内学者周玉泉和李垣（2005）认为企业的外部学习和内部学习对企业创新都具有正向的影响[291]，陈国权（2005）通过对 201 家中国企业进行实证调研，认为组织学习能力与组织绩效密切相关[272]。朱朝晖、陈劲等指出企业的探索性学习能够有效地促进企业的创新绩效[292]。

也有学者指出创新型的企业一定是有清晰的学习导向，尤其是一些组织文化因素比如决策制定的分权化，容许犯错或者社会关系都会通过组织学习来影响知识和创新绩效[293,294]，查瓦（Chiva）等认为组织学习能力拥有五个维度：试验、风险承担、与外界环境的互动、对话以及决策参与[295]。尽管普遍学者认为组织学习对创新绩效有着至关重要的影响，但这些研究视角大都集中在组织内部以及企业本体，针对影响组织学习的外部因素研究相对较少，如不同类型组织间关系、企业战略合作等对组织学习的影响。此外，针对组织学习对创新影响的情景化因素的研究相对较少，如组织特征、管理实践、战略导向等，需要更广泛、系统全面的实证研究来进一步进行论证。

三、现有研究不足已经对本研究的启示

针对组织学习以及创新方面，综合国内外已有研究，发现以下不足之处：①大多数研究都是从组织文化视角[296,297]，将组织学习看成一个整体来分析其对创新的影响，缺乏对组织学习不同层面及维度对企业创新的影响的研究，总体而言，深入分析企业组织学习能力的前因、过程以及对创新的影响的实

证研究相对偏少，针对组织外部合作战略对于组织学习以及创新绩效研究的影响就更少。②尽管大多数研究论证了组织学习与创新的关系[298]，但这些研究的情景大都是关于发达国家。对于发展中国家特定的经济发展阶段以及不同的意识形态对于组织学习以及创新的影响还有待进一步研究发现。③尽管已有研究对组织学习能力的维度进行了区分，但大部分研究针对个体、团队以及组织内部层面，针对组织间合作对组织学习能力的影响研究相对较少。并且已有的研究大多比较分散，大多聚焦在企业能力方面，而缺乏对企业整体战略的系统性研究。可见，组织学习如何作用于创新绩效有待进一步细化研究。

第六节　本章小结

随着产品的生命周期的不断缩短，商业环境复杂程度逐步增加，传统的企业管理理论以及核心竞争能力观逐渐难以让企业在市场中持续获胜，因此，如何从企业外部获取创新资源成为了企业关注的重点。一方面，企业需要不断提高自身的组织学习能力，来更好地开发和利用企业已有的战略性资产；另一方面，需要不断打破组织边界，与外界不同主体进行合作创新，进一步获得互补性知识，实现组织内部资源与外界资源的协同互补。尽管现有理论研究表明了外部合作伙伴对创新的重大影响，但是在实践过程中，许多与外部进行合作的企业仍然创新能力不足。因此，本研究拟进一步探讨相比产业伙伴而言，企业与知识伙伴的合作互动对企业创新的影响。

本章首先对企业竞争优势来源、开放式创新的概念、特征以及分类进行了评述。其次，对开放式创新背景下企业外部合作伙伴特征相关理论基础作出了综述，具体涉及企业合作伙伴的构成、分类以及不同理论视角的整合等内容。通过理论综述阐明现有研究存在的理论缺口——相比产业伙伴而言，企业与知识伙伴的合作互动程度对创新绩效的影响。最后，本章对研究中涉及的中介变量——组织学习能力进行了综述，明确了组织学习能力的概念、维度、实证研究的前因和后果。通过综述组织学习能力的相关研究，为本研究打开影响创新的中间黑箱提供理论基石。本研究以"知识伙伴（企业知识伙伴的合作互动程度）—组织学习能力（知识搜索获取能力、知识转移能力、知识整合运用能力）—创新绩效"为逻辑框架，重点探讨在开放式创新背景下企业知识伙伴对创新绩效的影响及其作用机制。

第三章

企业知识伙伴与企业创新绩效关系的探索性案例研究

第一节 案例研究方法简述

表 3.1 简要地列出了案例研究的一般步骤。本研究对知识伙伴与创新绩效关系的案例探索采用以下步骤：在现有文献分析评述基础上形成了理论预设和研究构思，通过案例选择、数据收集、数据分析后得出初步结论并形成初始研究假设。

表 3.1 案例研究的一般步骤

研究步骤	主要活动	研究目的
案例研究开始	◆定义所研究的问题 ◆先验的理论构思	◆理论聚焦 ◆为构思测度提供更好的基础
案例的选择	◆最好不要考虑理论或假设 ◆选择特定的总体 ◆进行理论的而非随机的抽样	◆保持理论的柔性 ◆限制外部变异，保证外部效度 ◆聚焦在对理论构建有用的案例上
设计测量工具 与访谈提纲	◆采用多种数据收集方法 ◆有多个观察者，收集定性和定量的数据	◆通过多种数据来源的证据相互印证，使理论更有根有据 ◆协同进行数据观察，采用多视角的观察

续表

研究步骤	主要活动	研究目的
进入案例现场	◆采用包括现场记录在内的多种方法 ◆进行数据收集和数据分析 ◆灵活的数据收集方法	◆及时分析，随时调整资料的搜集 ◆帮助研究者掌握浮现的主体与独特的案例性质
数据分析	◆案例内分析 ◆使用发散方式寻找跨案例的共性	◆熟悉数据，并进行初步的理论建构 ◆使观察者挣脱先前印象，并透过各种角度来查看证据
形成理论假设	◆为每个理论构思寻求依据 ◆在案例间重复相同的理论逻辑 ◆寻找变量关系的原因	◆完善构思定义、效度和可测量程度 ◆确认、拓展、完善理论 ◆构建内部效度
文献展开	◆矛盾文献进行对比 ◆与类似文献进行比较	◆建立内部效度、提高理论水准并完善构思定义，提高理论概化程度 ◆改进构思定义、提高理论水平
研究结束	◆尽可能地达到理论饱和	◆当案例分析的边际效应很小时，结束分析

资料来源：修改自 Eisenhardt（1989）.

第二节 研究设计

一、理论预设

开放式创新在企业管理实践中已被证明是一种有效的企业创新战略。企业在实施开放式创新时，需要与外部不同类型的主体进行合作，从而结合不同的异质性创新资源，最终促进自主创新的产生[274]。

企业需要平衡探索与开发两种企业活动来实现技术创新。探索涉及寻找、变异、风险承担、试验、竞争、灵活性、发现以及创新。而开发则涉及改进、选择、生产、效率、挑选、实施以及执行[299,104]。乐维萨尔以及马奇认为探索涉及对新知识的追求，而开发则包含对已有知识的利用和开发。探索与开发对于组织间学习同样有效[34,300,105,301]，根据外部不同相关利益者所提供的知识类别的不同，企业通过不同的合作策略来获取外部知识资源。尽管已有研究为理解知识伙伴以及创新绩效的直接关系提供了理论支撑，但大多数都只检验了知识伙伴与企业创新绩效的直接关系，并没有对中间机理进行深度剖析以及解读。因此，本研究从资源基础观、组织学习观等理论视角，围绕"企业在实施开放式创新中，如何与知识伙伴进行高效合作互动来提升企业创新绩效"这一核心问题，以组织学习能力为中介来探寻影响企业创新的外部影响因素（如图 3.1 所示）。

图 3.1　理论初设模型

不过这一理论模型还需进一步细化，根据外部知识资源的性质的不同，以及企业与外部知识伙伴的互动方式的不同，本研究拟进一步探索以下三方面的问题：第一，企业在实施创新过程中需要与哪些外部组织进行合作；第二，相比产业伙伴而言，企业知识伙伴的合作互动如何来影响企业内部的组织学习以及创新；第三，组织学习能力的不同维度如何影响企业的创新绩效。

总的来说，企业在开放式创新当中，既需要充分开发利用组织内资源，也需要充分挖掘、探索组织外部资源，并通过最优的合作策略以及管理模式降低组织外资源的获取成本以及合作所带来的交易成本。知识经济时代，知识加速贬值以及商业竞争加剧促进了企业不断通过多元化的合作方式从外部获取知识，并经过知识分享、转移、整合、运用于自身的商业目的，进而提高技术创新的过程。拉维（Lavie, 2006）认为为了制定更好的联盟合作决策，企业必须在结构、功能、特质方面平衡企业的探索与开发的关系[299]。借鉴维噶·居然多（2012）、郭爱芳（2012）、福特杰（2012）等学者的观点，从组织战略角度出发，我们将外部合作伙伴分为知识伙伴与产业伙伴两大类，并重点探索知识伙伴对企业技术创新的作用。学者德斯·范斯（2005）认为企业与外部的产业伙伴的合作战略目的在于现有资源和机会的开发和利用，而与知识伙伴的合作战略意图在于新机会、新技术的探索。结合第二章组织学习对创新的理论研究理论基础，我们将理论初设进行进一步细化，图 3.2 是细化之后的理论初设。

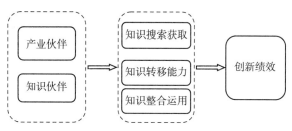

图 3.2　产业伙伴、知识伙伴对创新影响的理论初设

二、案例选择

案例研究方法的内部效度很高（案例内的数据都是真实的），但是外部效度较低（拓展到案例外情景的能力很弱），为了提高案例研究的外部效度，我们采用了多案例研究方法，因为此类研究能对相同的逻辑过程进行重复，各案例都能验证从其他案例得出的结论。

三、数据收集

本研究的数据获取主要来源于四个方面：第一，现场深度访谈。首先，选取合适的企业受访者。根据本研究的特点，受访者必须对企业的外部合作情况以及内部研发情况较为熟悉，且参与了企业创新战略的规划。其次，与企业内部高层管理进行深度访谈（访谈提纲见附录一）。访谈的主题是企业在过去五年内与外部不同类型组织合作的情况、合作随着时间的推移是如何发展的以及企业内部创新特征等情况。此外，本研究还进行了 12 个时间长为30 分钟的后续电话访谈，以更深入地了解管理层选择外部知识伙伴的动因以及评判标准。第二，企业档案文件。其中主要包括企业战略方案、内部备忘录、年度战略规划、客户名单、供应商管理方式、与知识伙伴的合作关系、合作方式以及内容、合作期限、合作研发情况以及企业产品开发、创新绩效等情况。第三，网络资料。通过谷歌、百度搜索以及各类学术期刊网搜集等多种渠道对企业发展的二手资料进行搜集、整理。当发现二手资料信息与访谈信息有偏差时，本研究的处理原则是二手资料服从一手资料和企业官方网站公开的资料，再有疑问时向案例企业进一步核实。第四，直接观察，在2012 年 5 月至 2014 年 5 月为期两年的时间里，笔者记录了所调研企业的内部企业管理层举行的重要会议，并将其录入了案例研究资料当中。

四、数据分析方法

在整个数据收集过程中，笔者采取一系列措施来尽量减少研究对象偏误：第一，笔者始终坚持访谈企业内部负责管理外部合作过程的核心人物。极具影响力并且了解详情的被访者是最可靠的，尤其是当他们在回忆重要的最近发生的事件时。第二，努力保持与受访者一种中立、非评判价性的关系。在访谈过程中，笔者尽量避免对受访者提供有关生活状态、观点和价值观的个人信息，在涉及答案实质内容时不进行个人化的评价。第三，笔者向受访者承诺对访谈内容的高度保密从而鼓励坦率真实的回答[302]。第四，采用非引导性的方法对不完整的问题进行追问，鼓励受访者举例子说明回答的内容。

第三节　案例企业简介

按照国内外案例研究的惯例，本研究将案例企业的名称进行了隐名。表3.2描述了四个企业样本的基本情况。

表 3.2　　　　　　　　　　　　　案例企业的主要特征

	技术领域	主要产品	成立年份	员工数	年销售额（2013 年）
JT 铜业	铜加工、高新材料、有色金属贸易	主要产品有铜线、铜棒、铜管、铜带、漆包线、阴极铜、阀门、水表、磁性材料等	1986	5 000	407 亿元
SS 科技	锂电池正、负极材料	锂电池正极材料、负极材料、电解液等	1989	1 500	7.5 亿元
SN 机械	工程机械	起重机、挖掘机、平地机等	1991	2 000	>1 000 亿元
XH 医药	医药	主导产品 V_E、V_A、虾青素、覆盆子酮、芳樟醇等	1999	30 000	>300 亿元

一、JT 铜业企业简介

JT 铜业（集团）股份有限公司始建于 1986 年，是国内最大的再生铜加工利用企业，也是国内最大的铜加工企业之一，多年来位列中国企业 500 强之列。企业产业涵盖铜加工、高新材料、有色金属贸易等领域，下辖十几家生产型及贸易型分子公司，主要产品如铜线、铜棒、磁性材料等产品产量均居行业前列，畅销国内 20 多个省市，远销 30 多个国家和地区。JT 铜业企业主要涉足行业是铜加工产业、建筑材料产业、有色金属贸易以及新材料产业。企业将"绿色"理念作为自身转型升级的方向，建立了国家企业技术中心以及国家级博士后动作站，每年将销售收入的 7% 投入产品研发以及科技创新当中来。JT 铜业企业还与国内 13 家高校和科研机构建立了长期合作关系。2014 年，JT 铜业企业和浙江大学、北京大学等知名院校的合作开发创新项目达 33 个，其中与浙江大学合作开发的项目已被列入国家"863 计划"。

二、SS 科技企业简介

SS 企业于 1989 年成立，自成立二十多年来，从单一的服装产业逐渐进行多元化的战略投资，发展成为了集高科技、金融以及城市综合体、贸易物流的多元化产业集群，目前，SS 企业已经在东莞、上海、宁波、长沙、郴州等地设有 6 家生产企业和 1 家研究院，并成为锂离子电池正极、负极及电解液领域国内最大、世界前三位的锂电材料综合供应商。在技术先进性和规模化方面，SS 企业迅速与三星、索尼等并驾齐驱，并与奔驰、松下等国际知名公司建立战略合作关系。

三、SN 机械企业简介

SN 企业成立于 1989 年 3 月，2012 年营业收入超过千亿元，是中国工程机械行业规模最大的国家创新型企业。SN 企业技术中心 2002 年被认定为国家级企业技术中心。SN 企业注重技术创新，建立了以国家级技术中心和工程机械研究院为核心的研发体系。依托外部众多研究院所以及高校的研究力量，近年来 SN 诞生了一批代表中国乃至全球先进水平的产品：中国首台 37 米泵车、世界首创全液压平地机、3 600 吨履带机、国产最大 200 吨全液压履带挖掘机、世界最长钢臂架 86 米泵车等创新产品。目前 SN 企业拥有有效授权专利 2 156 项，其中授权发明专利 164 项，100 多项国产新产品。

四、XH 医药企业简介

1999 年，由浙江大学多名科研人员一起创办了 XH 企业。目前，XH 企业总资产超过 86 亿元，在浙江、山东等地建立了 3 个现代化生产基地，是一家主要从事原料药、营养品、香精香料和高分子复合新材料的生产和销售的国家级高新技术企业。主导产品 V_E、V_A、虾青素、覆盆子酮、芳樟醇的产销量和出口量占世界前列。XH 企业拥有国家级企业技术中心，配备了核磁共振、等离子体发射光谱仪等国内领导设备，掌握了超临界反应、高真空精馏、连续化反应等国内领先技术，成功开发国家级新产品 15 个，并承担了多项国家科技攻关项目。

第四节 案例内分析

一、与外部主体合作互动情况

（一）JT 企业与外部主体合作互动情况

为保持并巩固行业领先地位，JT 企业始终注重技术创新，用长远眼光经营企业，与高校、研究院所保持着密切合作互动关系。2009 年，JT 企业与北京有色金属研究院、浙江大学、宁波大学等联合研制，投入研发费用上亿元，共同研发低含量废杂铜连续冶炼及渣尘利用关键装备与技术研究。2009 年，JT 企业与宁波大学合作，主要研究废杂铜冶炼过程中的控制系统，达到节能目的。2012 年，JT 企业和国内大学以及研究所通过契约合同方式合作的项目多达 31 个。在供应商合作方面，JT 企业主要通过长期的采购合同方式与供应商进行合作。

（二）SS 企业与外部合作互动情况

产业伙伴合作方面，SS 企业在锂离子电池的综合材料制造和供应上为全球同行业所瞩目，与索尼、松下、摩托罗拉、LG 等企业形成了良好的合作关系。供应链合作方面，企业通过控股进入行业上游，积极寻求参与锂材料的收购整合。通过长期合作协议，SS 企业与供应商保持良好的沟通，并加强对供应商的培训和合作，及时解决出现的问题。知识伙伴合作方面，SS 企业通过十几年的积极运作，已与清华大学、复旦大学、长春应化所、国家 863 产业化推进办公室、中科院、信息部、日本山形大学等机构建立了良好的合作伙伴关系。在与外部创新中介机构的合作方面，SS 企业通过股权投资创办民营科技园以及科技孵化器，通过投资开发并培育孵化高新技术初创企业，SS 企业实现了"智慧＋资本"的基地化运营模式，通过吸引拥有知识产权或核心技术的科研工作人员创办初创型高科技中小企业入驻园区，SS 企业实现高科技产业集群以及企业自身的技术创新发展。在与外部智库合作方面，2013 年，SS 企业与外部智库麦肯锡咨询公司合作，进行企业内部的管理诊断以及制度创新的项目合作。通过与麦肯锡咨询公司的互动与深度合作，SS 企业实现了企业内部的管理结构的调整，由原来集权式的管理结构发展成为扁平式的分权式管理结构，通过分权制的管理模式也大大地促进了 SS 企业的内部创新创意的产生。SS 科技重视外脑的智库的才智发挥，将高校科研人员引入管理高层参与决策。此外，SS 科技区通过咨询诊断、构建科技平台等举措与知识密集型中介机构进行合作，借以来提高企业的资源整合能力和协同创新能力。

（三）SN 企业与外部主体合作互动情况

SN 企业自成立以来，十分注重与外部的合作关系的建立，在产业伙伴合作方面，首先，SN 与客户紧密合作，通过第三方中介机构与客户签订契约合作，为客户提供融资租赁服务。其次，SN 企业与产业链内的客户如北京市轨道交通建设管理有限公司、北京市政路桥、中铁五局、中建市政等签署长期战略合作协议，企业管理层认为，加强产业价值链内的合作，对于企业的市场能力的提升具有重要意义。供应商合作方面，SN 企业建构全球化供应商全球采购体系，SN 企业运用供应商统一采购平台刷选并评估供应商，对不同供应商资质进行动态评级，将技术内部研发需求与供应商采购平台进行对接，通过技术协议合作的方式与全球顶级供应商建立长期稳定的合作关系；此外，SN 企业在整体战略上十分注重与竞争对手的合作与互动。商业实践中，SN 企业主要通过与竞争对手通过共同经营、共建实体方式与竞争对手进行合作，以期学习竞争对手的管理模式、研发技术等。如 SN 企业与帕尔菲格合作成立两家合资企业，各持有 50% 的股份。SN 企业认为与国际竞争对手的合作能有助于全球化市场的拓展以及企业整体创新能力的提升。

在与知识伙伴的合作方面，2001 年以来，SN 企业广泛开展与国内外高校、研究院所之间的技术合作，2007 年，SN 企业与中南大学进行校企合作成立"三一研究院"，2009 年 SN 企业与华中科技大学达成产学研联盟协议，近年来 SN 企业与清华大学、浙江大学、北京机械工业自动化研究所等 40 余所高校、科研院所等开展了联合技术攻关。SN 借助高校的科研实力以及研发人才，以 SN 企业为主体与高校、研究院所合作成功完成了多项国家 863 计划项目，省部级项目 60 多项，研发成果转化成功率高达 87%。除此之外，SN 企业是中国产学研合作促进会、华中科技大学校企合作委员会副理事长单位。2003 年，SN 企业投入 4 000 万元与长安大学合作组成研发项目组，针对"液压驱动平地机关键技术研究及应用"进行深度研究，经过十余年的持续探索以及合作创新，形成了高速牵引式机械行驶液压驱动技术、智能无级变速控制技术、最优参数动态匹配节能控制技术、故障自诊断与远程监控技术等成套技术，项目成果填补了世界高速牵引式机械行驶液压驱动技术领域的空白，同时该项在 2013 年获得了"中国产学研合作创新成果奖"。SN 企业不仅与外部高校、研究机构进行研发合作，而且非常注重企业的管理创新以及制度创新，经常邀请外部高校、智库、咨询机构的专家以及教授来企业内部进行培训授课。2010 年邀请营销专家菲利普·科特勒（Philip Kotler）来企业给管理中高层进行授课。2011 年，邀请清华大学经管学院创新管理团队为企业做研发管理流程优化，同时选送高管到清华大学、北京大学等知名学府进行深造以及培训。2012 年，要求美国兰德咨询公司为 SN 集团总部做管理咨询以及项目诊断。通过与外部高校、研究机构、智库、创新中介机构的深度合作以及互动交流，SN 企业不仅加速了技术创新，同时也实现组织结构的变革以及人才的优化配置，如项目管理由原先的单一项目组变革为专业化分工组，研发管理模式也由原来的项目矩阵式发展成为跨功能的扁平化的研发团队模式。

（四）XH 企业与外部主体合作互动情况

XH 企业每年将销售收入的 4%～9% 用于研发投入，以夯实企业的发展后劲。企业先后研发出 13 个国家级别新产品、12 个国家火炬项目。随着市场竞争的加剧以及科学知识的爆炸式发展，企业逐渐意识到单独凭借自身研发实力难以在市场中获胜。企业不断打破组织边界，寻求与外部组织的合作。XH 企业不仅和全国各相关院校、科研院所建立了长久的合作关系，而且还坚持合作研发，与一些高校共建实体如联合研发中心、创新实验室等。XH 企业负责技术研发的管理层表示公司在近两年内同高校以及研究院所的专家们一共签订了 30 多个短期（两年之内）、小规模（价值在 10 万元以下）的合作协议，当这些合作协议有可能带来新药的发明时，短期合作就发展成为正式的合同关系。XH 企业另一高层管理表示："实际上，对于医药企业而言，创新过程并不是简单的外部知识获取的过程，如果企业参与合作研发，那么就能够拓展其人力资源，并且增加对未来有发展潜力的项目的敏感度"。因此，XH 企业不断加大对外部合作创新的资源投入，在 2013 年 12 月，与浙江大学共同成立了联合研发中心，专注与医药及生物技术领域内重点产品的研发。2014 年，与上海有机所建立全面战略合作伙伴关系，以期加快企业的研发速度以及创新效率，缩短科技成果产业化的周期。

此外，企业还通过契约合同的方式直接购买高校、研究院所等的知识产权和专利成果。尽管并非所有外部购买的知识产权以及专利成果都能直接为企业带来商业利润，但 XH 企业坚信新产品的研发需要借助知识的积累，一部分知识的获得有助于其他知识更好的利用。与外部高校、研究院所建立的正式合同式关系仅是合作的冰山一角，更多的知识获取以及转移是通过众多的非正式合作关系。其次，通过邀请并吸引高校、研究院所、外部智库的外部技术或管理专家进入企业，对企业的技术研发、制度设计、管理创新等方面提出咨询以及指导意见。最后，XH 企业 CEO 表示与外部知识伙伴的战略合作不仅能够促进企业对外部先进科技知识的获取以及转化，而且还能够进一步促进企业创新文化的培育。XH 企业提倡一种"协同创新"的老师文化，借"智"创新，不断给企业注入新的创新活力。在管理实践中，XH 企业成立了协同创新平台，以期借助外部知识伙伴的力量完成科学知识的搜索获取、加速产品开发、工业设计以及技术转化。

与外部产业伙伴合作方面，XH 企业与用户建立了长期的战略合作伙伴关系，通过与国际大企业签订长期供货协议，企业的主打产品如维生素、香精香料、原料药与医药中间体等已经逐步走向全球市场，企业的品牌也得到了众多客户的认可。此外，XH 企业还与供应商签署了长期合作战略伙伴关系协议，通过签订长期战略供货协议，提高原材料采购方面的竞争力以及供货质量的保证、交付的及时性。

二、组织学习能力

(一) JT 企业的组织学习能力

近年来,JT 企业十分重视企业组织学习能力的培养和提升,着力开展对研发人员的培训课程。主要通过三方面来提升组织内部知识流动。第一,由上至下推行企业内部培训课程的开发,采用导师制对基层员工进行培养考核,一个导师同时带 3~5 个新来的员工,针对产品研发、生产流程、制度惯例等进行一系列的培训。第二,由下至上的知识流动,基层员工通过企业内部网络针对生产过程、能耗节约、材料改进等提出建议,针对有价值的建议,一旦接纳,企业进行奖励。第三,水平的知识分享激励。每周有跨部门或者部门内部的知识分享会,每个员工一个月针对自己学习到的新技术或新知识制作幻灯片进行汇报,水平间的知识分享行为列入员工季度考核指标当中。创新项目的实施通常伴随着高风险,JT 企业努力营造一种容许员工不断创新、宽容失败的组织文化。JT 企业认为研发失败并不可怕,可怕的是员工没有从中学到知识,企业研发人员的创新能力没有得到提高。

(二) SS 企业的组织学习能力

SS 企业比较注重外部知识的获取,通常与外部高校以产权合作、共同经营的方式进行合作,运用股权激励 + 项目激励的方式对核心研发人员进行综合激励。但在我们对 SS 企业的管理层访谈得知,企业注重前沿科学技术知识的搜索以及获取,有专门设置知识情报部门,但 SS 企业对于组织内部员工(尤其是技术研发人员)的知识分享以及知识转移的激励力度不够,内部知识员工的培养以及激励力度不够。尽管企业员工对外部知识的获取和利用能力比较强,但 SS 企业内部人员的知识流动速度相对较慢,知识转移程度不高。在组织间知识获取方面,SS 企业主要是通过股权合作的方式将外部技术专家纳入企业内部,并提出新产品销售额利润的一定比率进行长期激励。

(三) SN 企业的组织学习能力

SN 企业十分注重企业内部隐性知识的显性化,例如制定专门的专利申请办公室,鼓励企业员工进行专利的申报。通过访谈,SN 企业的管理高层表示，"企业内部的专利技术是研发创新保驾护航的卫士，只有过硬的专利技术，才能成为行业的领跑者"。SN 企业非常注重学习型组织的构建，主要有以下几项举措：第一，针对员工的每月的绩效考核，将知识存量的增长定位重要的指标，针对每个员工企业每月会指定不同的专业学习读物，月末进行考试评分来检测员工学习情况。其中，针对基层员工和中层管理员工，学习读物主要是管理创新方面的；而针对技术人员则是与研发项目相关的国内外相关领域前沿科学技术发展动态书籍。第二，SN 还将"群策群力、头脑风暴"定位企业内部的日常惯例，发动员工参加行业协会，参展、鼓励员工通过学习从组织外部获取相关行业知识，企业通过"合理化建议邮箱渠道"对员工在企业的管理制度、技术开发流程方面提出的建议进行系统化的整理。第三，将企业员工外送到国内外知名的高等院校进行进修，为知识型员工提供继续学习深造的机会。第四，SN 企业针对与企业与高校或研究院所的合作项目，专门指派相关技术人员对员工进行技术知识的培训和科普。总体说来，SN 企业不仅注重企业外部知识的搜索获取，而且十分注重知识的消化吸收以及整合运用，鼓励员工将学习到的知识运用于组织内部和日常工作行为当中。

（四）XH 医药企业的组织学习能力

XH 医药企业产品开发对象分为仿药和新药两大类，其中新药的研发投入大，研发周期一般在十年以上，研发过程需要大量的前沿的科学知识的探索、获取与应用。一方面，XH 企业"师徒制"方式内部培养企业的研发人员，进行前沿科学知识的探索；另一方面，引进"外脑"，将高校、研究院所、智库等的科研人才或者科研成果引入内部研发体系。另外，结合"内部培养"与"外部引进"两种模式，不仅经常邀请外部的技术人员以及专家到企业内部进行研发指导，而且还经常选拔内部研发人员送往国内外研究院所进行深造。科研人员参加出国培训一律免费，并且还可以提前一年支取薪金。企业通过内部研发方式提高自身科研人员的知识解析能力还不断与外界构建正式化的合作关系，以促进技术人员与外部专家的交流互动，提高员工的知识转移能力以及知识整合运用能力。

不同的组织学习能力的差异主要体现在知识搜索能力、知识转移能力以及知识应用能力方面。表 3.3 对案例企业的不同维度的组织学习能力进行了提炼与横向比较，可以看出 SS 科技的知识搜索能力比较强，而 SN 机械企业的知识转移能力和知识应用能力相对其他企业要更强。

表 3.3 案例企业的组织学习能力

组织学习	JT 铜业	SS 科技	SN 机械	XH 医药
知识搜索获取能力	能较快地搜索到新产品开发相关的技术知识,对行业发展动态有一定的把握能力	对新兴行业的科技发展前沿的信息搜素能力十分强大,并能够加快进行价值判断	建立有企业内部知识专利库以及信息港,能够快读搜索到新产品开发相关的知识,对行业发展动态具有很强的价值判断能力	能够快速把握国际医药前沿动态知识,对行业技术发展动态具有较高的敏感度
知识转移能力	处于行业平均水平,技术引入以及转移过程还比较顺利	引入的技术能在内部进行广泛推广	新知识能够快速在企业内部进行由上至下、由下而上以及水平的扩散,新技术引入企业的过程很顺利	能够很快把技术引入企业内部并进行相关知识的转移
知识应用能力	能有效利用行业最新知识来应对市场和技术的动荡变化	能有效将新知识整合融入不同的技术开发情景当中	能结合现已有知识和外部的新知识与产品研发过程当中,并将创新理念和创新思想通过产品体现出来	能将不同领域、不同来源的新知识引入产品和过程创新中

三、企业创新绩效

(一) JT 企业的创新绩效

JT 企业以绿色为主题,进行转型升级发展,不断加大创新投入,金融危机过后,JT 企业加大了企业的科技研发投入力度,2011 年,金田集团实现销售收入 315 亿多元,铜加工总量近 40 万吨,其中"高精尖"创新产品比重从 20% 提升到 50%。2011 年,投资 3.4 亿于重大转型升级项目:变频电机用高强高导新材料和高性能钕铁硼磁性材料项目。在 2013 年,企业运用变频电机用高强高导新材料生产线年产超过 15 万吨,高性能钕铁硼磁性材料生产线年产超过 3 000 吨。通过技术创新、装备更新以及管理创新,JT 企业全力打造并实施企业创新发展战略。

(二) SS 企业的创新绩效

1999 年 SS 科技有限公司在上海成立,经过 10 年的发展,SS 科技已经成为世界最大规模的锂离子电池材料供应商。2013 年，SS 企业的电池材料销售收入超过 10 亿元，实现净利润 3 400 万元，销售收入位居全国第一。SS 企业目前各种电池材料的综合产能合计超过 7 000 吨，位居全球第一。

（三）SN 企业的创新绩效

SN 重工企业通过国际化路线将研发中心布局在全球各处，分别在德国、印度、巴西以及中国长沙、上海、珠海等地建立了 38 个研究院、229 个产品研究所，通过不同研究中心的数据实时分享，基本上实现研发数据统一管理。截至 2014 年 2 月 28 日，SN 重工企业累计申请的专利数目为 8 112 件，其中发明专利 3 341 件，申请的海外专利数量为 211 件。近几年，SN 企业发明专利的申请数量以每年 40% 以上的速度增加，企业接受访谈的管理层认为，企业只有及时申请专利，不断产出创新成果，拥有自主知识产权，才能占领市场的制高点。

（四）XH 企业的创新绩效

XH 企业在发展历程中，一贯重视对创新研发的投入以及创新成果的保护。截至目前，已经成功获取专利 55 项，发表专业论文 20 多篇，拥有国家级新产品 15 个，浙江省重点新产品 47 个，实施国家火炬计划项目 13 项，承担国家科技攻关引导项目 1 项，国家科技型中小企业技术创新基金项目 2 项，尤其在维生素领域取得了显著的科研成果和技术突破，现已成为世界第三大维生素企业，其中维生素 E 绿色生产获得中国教育部科学技术进步奖二等奖。此外，XH 企业的多项技术被列入国家级、省级重点科研项目，项目的成功申报以及完成促使公司的综合科研实力大大增强。XH 企业每年新产品研发的效率很高，如维生素 A 的开发，从实验室研究到中试，再到工业化大规模生产，仅用了不到 3 年时间，在生物医药行业难得一见。此外，XH 新产品销售额占总销售额的比例高达 8.7%。

如表 3.4 所示，总体说来，XH 企业坚持走持续创新、合作创新的道路，研发资金的大量投入、对研发人员的高度重视以及股权化激励、对外部知识的快速获取以及转移能力都为企业不断提高创新成果产出提供了强大而持续的动力。

表 3.4 案例企业绩效

概念 \ 企业名称	JT 铜业	SS 科技	SN 机械	XH 医药
创新绩效	近5年新产品销售额所占销售收入比例较高,2012 年超过百分之五十,新产品开放速度快,产品专利化相对较低,整体创新绩效较低	近5年来,新产品的开发速度一般;申请过数项实用新型专利,但没有申请发明专利,创新绩效总体较高	近5年来,SN 企业发明专利的申请数量以每年 40% 以上的速度增加,新产品开发速度较快。近五年来,承担了多项国家 863 计划项目以及国家级科技项目。截至 2013 年 10 月 31 日,已获授权专利国内 4 769 件,海外授权 18 件	近5年来,公司每年都能研发出较多的新产品,开发速率很快,截至目前,已经成功获取专利 55 项,发表专业论文 20 多篇,拥有国家级新产品 15 个,浙江省重点新产品 47 个

第五节 多案例间比较研究

如表 3.5 所示,本研究将对案例企业的各组变量指标进行对比分析,归纳出企业产业伙伴、知识伙伴、组织学习能力和技术创新绩效之间的相互关系,并且提出相应的研究命题。

表 3.5 案例企业合作伙伴合作互动情况与创新绩效

概念 \ 企业名称		JT 铜业	SS 科技	SN 机械	XH 医药
合作伙伴构成	产业伙伴	客户	供应商、客户、	供应商、客户、竞争对手	客户、供应商
	知识伙伴	高校、研究院所	高校、研究院所、咨询机构、中介机构、孵化器等	高校、研究院所、知识密集型中介组织	高校、研究院所
合作方式	产业伙伴	契约合同	契约合作 共建实体	契约合作 共建实体	契约合作
	知识伙伴	契约合作 股权投资 项目合作	契约合作项目 共建实体 股权投资	契约合作 战略联盟 课程培训 项目咨询	合同契约、联盟、共建实体

续表

概念 \ 企业名称		JT 铜业	SS 科技	SN 机械	XH 医药
合作互动程度	产业伙伴	3	5	6	6
	知识伙伴	5	6	7	5
组织学习能力	知识搜索获取	3	7	6	7
	知识转移	3	5	7	5
	知识整合运用	4	6	7	5
创新绩效	创新绩效	4	6	7	5

一、知识伙伴与创新绩效关系

通过对案例企业的描述性分析，本研究发现案例企业的外部合作伙伴构成与企业的创新绩效之间存在联系。

首先从表 3.5 可以看出 SN 的创新绩效水平最高，XH、JT 企业的创新绩效尽管高于同行，但相对 SN 企业的创新绩效仍显不足，JT 企业的创新绩效在四个案例企业中处于最低水平。

产业伙伴合作互动方面，SS 企业、SN 企业不仅与客户、供应商深度合作，而且有选择性的与行业内竞争对手进行正式化的合作互动，与竞争对手的合作互动一方面有助于行业知识、技术开发的协同效应的发挥，另一方面有利于企业开拓新兴市场，因此，企业与产业伙伴的合作互动越高，那么企业创新绩效越强。在与外部知识伙伴合作方面，SS 企业的知识伙伴类型较多并且合作互动较高，企业通过合资入股方式与创新中介机构进行合作，如科技孵化器、大学科技园，同时通过契约合作方式与国内外知名的管理咨询机构等智库进行合作，针对企业战略发展进行咨询，SS 企业的创新绩效处于较高的水平。由此可推断，企业与知识伙伴的合作互动越高，那么对创新绩效的影响就越大。

在企业与外部产业伙伴的合作方面，SS 企业和 XH 企业主要专注以价值链内的合作、与客户以及供应商合作比较多，合作方式主要是以契约合同方式进行，企业通过正式化的如契约合作或者共建实体等与竞争对手的合作相对较少。而 SN 企业通过共建实体的方式与竞争对手进行了合作，双方共同出资共同经营，取得了较好的创新绩效，SN 企业的创新绩效相对 SS 科技、XH 企业更高。从知识伙伴的构成看来，SS 科技企业与 SN 机械企业与高校、研究院所主要通过契约合同项目、股权投资、共建实体、咨询培训等方式进行了合作互动，而与知识中介机构、智库等组织则通过契约合作的方式进行了合作互动。相比与产业伙伴的合作互动而言，XH 企业与产业伙伴合作的合作互动程度更高、但创新绩效低于与知识伙伴合作互动程度高的 SS 科技以及 SN 机械企业。因此，可以得出，相比产业伙伴而言，企业与知识伙伴的合作互动对企业创新绩效的影响更大。通过以上分析，本研究提出以下初始假设命题：

命题 1：企业与知识伙伴的合作互动程度越高，企业创新绩效越强。

命题 2：企业与产业伙伴的合作互动程度越高，企业创新绩效越强。

命题 3：相比产业伙伴而言，企业与知识伙伴的合作对创新绩效的影响要更大。

二、外部合作伙伴对企业组织学习能力的影响

企业与不同类型的合作伙伴进行合作互动，不仅可以从合作伙伴那里获取得到显性知识，而且还有利于各种复杂程度高的隐性知识的获取。企业在与产业伙伴、知识伙伴进行合作互动过程中，企业自身的组织学习能力如知识搜索获取能力、知识转移能力、知识整合运用能力也会受到影响。

就案例企业而言，SS 企业与知识伙伴合作互动的程度较高，通常 SS 企业与高校以股权分配 3∶1 的方式进行共建实体的股权共同经营，SS 企业通过出资占股 3/4，而高校的技术团队通过技术占股 1/4，组织学习能力方面，SS 企业的知识搜索获取能力很高，而知识转移能力以及知识整合运用能力均处于案例企业中较高的水平。JT 企业产业伙伴构成相对单一，与知识伙伴主要是通过契约合作的方式来进行合作，与知识伙伴的合作互动水平相对较低，JT 企业的知识搜索获取能力、知识转移能力均处于较低水平。XH 企业与 SN 企业与知识伙伴的合作互动程度比较高，同时企业具有较高的知识搜索获取、知识转移以及整合运用能力。可见，企业与知识伙伴、产业伙伴的深度合作互动有利于企业将外部知识的内部化，进而提高组织学习能力。因此，总体说来，企业与产业伙伴、知识伙伴的合作互动与企业组织学习能力呈正相关关系。因此，我们提出以下命题：

命题 4：企业与产业伙伴合作互动程度越高，对企业知识搜索获取能力

影响越大；

命题5：企业与产业伙伴合作互动程度越高，对知识转移能力影响越大；

命题6：企业与产业伙伴合作互动程度越高，对知识整合运用能力影响越大；

命题7：企业与知识伙伴合作互动程度越高，对企业知识搜索获取能力影响越大；

命题8：企业与知识伙伴合作互动程度越高，对企业知识转移能力影响越大；

命题9：企业与知识伙伴合作互动程度越高，对企业知识整合运用能力影响越大。

三、组织学习能力与创新绩效的关系

企业的核心竞争力源于企业自身知识存量的增加以及企业对外部知识的充分整合运用[185,303]。本研究对四家案例企业的研究充分说明企业的组织学习能力对企业创新绩效的关键作用。从描述性案例看来，无论是企业的知识搜索获取能力，还是知识转移能力，以及知识整合运用能力，对企业的创新绩效都有着积极的影响。例如，在四家案例企业中，SN具有最高水平的知识搜索获取能力、知识转移能力和知识整合运用能力，其创新绩效在四家企业中表现最优。相反，JT企业的知识搜索获取能力、知识转移能力、知识整合运用能力在企业当中相对是相对较弱的，其创新绩效也较低。由此可见，无论是知识搜索获取能力、知识转移能力还是知识整合运用能力都对企业创新绩效产生了积极的影响。综上所述，本研究提出以下初始命题：

命题10：知识搜索获取能力与制造型企业的创新绩效呈正相关关系。

命题11：知识转移能力与制造型企业的创新绩效呈正相关关系。

命题12：知识整合运用能力与制造型企业的创新绩效呈正相关关系。

第六节　本　章　小　结

本章通过对国内四家企业进行了探索性案例研究，探析了知识伙伴对企业创新绩效的影响机制。通过案例分析，本研究认为产业伙伴、知识伙伴对创新绩效的作用部分通过组织学习能力产生，相比产业伙伴而言、企业与知识伙伴的合作互动对创新绩效的影响更大。以下是由探索性案例研究推导出的 12 个初始假设命题。

命题 1：企业与知识伙伴的合作互动程度越高，企业创新绩效越强。

命题 2：企业与产业伙伴的合作互动程度越高，企业创新绩效越强。

命题 3：相比产业伙伴而言，企业与知识伙伴的合作对创新绩效的影响要更大。

命题 4：企业与产业伙伴合作互动程度越高，对企业知识搜索获取能力影响越大。

命题 5：企业与产业伙伴合作互动程度越高，对知识转移能力影响越大。

命题 6：企业与产业伙伴合作互动程度越高，对知识整合运用能力影响越大。

命题 7：企业与知识伙伴合作互动程度越高，对企业知识搜索获取能力影响越大。

命题 8：企业与知识伙伴合作互动程度越高，对企业知识转移能力影响越大。

命题 9：企业与知识伙伴合作互动程度越高，对企业知识整合运用能力影响越大。

命题 10：知识搜索获取能力与制造型企业的创新绩效呈正相关关系。

命题 11：知识转移能力与制造型企业的创新绩效呈正相关关系。

命题 12：知识整合运用能力与制造型企业的创新绩效呈正相关关系。

| 第四章 |
知识伙伴与创新绩效的理论模型

第一节　知识伙伴对创新绩效的影响理论假设

一、知识伙伴对创新绩效的影响

随着互联网技术的发展以及知识经济的到来，企业借助内部研发力量愈发难以在竞争激烈的商业环境中获胜。近年来，企业越来越多通过共同经营（joint venture）与高校、研究院所进行合作互动，企业与高校进行合作互动对企业创新绩效影响主要表现在以下两方面。一方面，获取企业所需的技术研究成果，获得互补性知识。科亨通过实证研究指出，与高校、研究院所的合作互动有利于提高企业绩效、研发生产力以及专利活动等[171]，豪维尔斯认为与高校、研究院所进行合作互动更加有利于开展新的创新业务活动[170]。另一方面，企业与高校、研究院所合作互动有利于企业更快更好地寻找得到行业内的相关技术专家，并获得高校专家或科研人员的技术支持[304]，提高企业知识搜索的效率[305]，进而为企业节约知识搜索成本。博德瑞（Baldwin）和汉娜（Hanel）认为与高校的合作对于突破式创新至关重要，高校是企业的最重要的创新源之一[306]。汉讷·森特彼尔对加拿大制造企业企业与高校、研究院所的合作对于企业绩效的影响做出了研究，结果表明企业与高校的合作互动对创新绩效以及财务绩效都有着积极的影响[167]。而企业与研究院所建立正式合作关系能够有助于新的科学知识或技术诀窍的获取，促进产品或过程创新[19]。博德博茨、德斯·范斯、聂透等发现与研究院所或高校进行合作对产品创新绩效有积极的影响[218,213,143]。学者彼尔斯和赞德（2014）认为企业与高校、研究院所的合作互动不仅能增加企业的合作管理能力，而且还能提升企业创新相关的技能[40]。而企业与智库或创新中介机构的合作互动通常能够获取得到本行业难以获取到的创意与知识[160]，此外它们还扮演"技术桥梁"的角色，帮助企业识别并寻找到与企业互补的各类创新资源及最佳合作对象[184,307,254]。阿伯特（Abbate，2013）认为创新中介机构作为知识传播的中介平台，能够有效连结不同类型的创新资源如技术知识、科研人才以及风险资本等，促进组织间的合作以及技术开发，使得知识/问题需求方（企业）以及知识/解决方案提供方（高校、研究院所）能够实现更好、更好的对接[308]，进而进一步缩短企业技术创新的周期，降低企业创新搜索成本，从而进一步促进创新。因此，我们提出以下假设内容：

假设 H1：企业与知识伙伴的合作互动程度与创新绩效呈正相关关系。

知识基础观则认为企业与外部主体的合作有利于知识的获取和共享，能够增加企业知识存量的多样性，并获取得到维持竞争优势的技术知识[49]。戴维·迪斯指出与外部商业主体的合作互动有利于企业获得创新商业化所需的互补资产，进而获得创新租[94]。索塔瑞斯（Souitaris）将组织创新的外部知识来源分为外部信息搜索以及与外部组织合作[309]，其中外部信息搜索得到的知识大都是显性知识，企业与外部组织的合作有利于组织间学习，进而促进隐性知识的转移及获取[310]。诺纳卡指出隐性知识的获取以及运用才是企业产生竞争优势的来源[311]。经济学家张维迎指出，企业的发展之源来自于创新，而外部的互补性的隐性知识的获取对于可持续竞争优势至关重要[312]。此外，与企业外部商业主体建立合作伙伴关系能够降低信息不对称，从而降低道德风险。合作伙伴关系意味着合作行为并非一次性交易零和博弈，而是通过长久的合作关系来减少合作双方的机会主义行为[313]。合作双方的合作互动程度越高，互相了解的程度也就越多，与产业伙伴（客户、供应商、竞争对手）的深度合作互动有助于企业更好地了解市场信息以及行业环境，能够更快速地采取创新从而适应不断变化的环境。福特杰认为企业与客户合作互动有利于企业的产品创新绩效的提高，而与供应商合作则对过程创新绩效有利[61]。缇赛（Tsai，2012）通过对中国台湾 201 家机械/电子制造企业进行样本选择模型（Tobit）回归分析指出，企业与供应商的合作有利于产品创新绩效的提高，但影响程度的高低会受到企业内部技术能力和营销能力的调节影响[314]。西门子企业通过与供应商的深度合作互动程度大大降低了创新成本，从而提高了创新绩效。缇赛认为企业与竞争者合作互动能够让企业探知竞争对手的技术水平，有助于企业更好地实施差异化策略[205]，此外，与竞争对手的合作互动能够实现行业内信息、知识和技术的共享，在直接竞争的范畴之外通过合作研发能够降低创新的风险和成本，提高企业的创新绩效[218,160]。鉴于此，我们提出以下假设：

假设H2：企业与产业伙伴的合作互动程度与创新绩效呈正相关关系。

相比与产业伙伴的合作而言，企业与知识伙伴的深度合作互动更有利于企业获取得到国内外先进技术、创新理念并进而将其更好地进行商业化。曼斯费德指出在1975～1978年间，企业对高校研究的社会投资回报率在28%～40%[169]。琳科（Link）与瑞思（Rees）在1990年的研究也证实了这一结果，私有企业与高校保持合作关系的投资回报率是34.5%，而那些在同一时期，不与高校合作的企业的投资回报率是13.2%[315]。曼斯费德（Mansfield）在1997年运用1986～1994年纵向数据研究表明超过十分之一的产品创新及过程创新来源于科学研究，进一步验证了其之前的研究结果[316]。贝斯（Beise）与斯塔哈（Stahl, 1999）指出超过40%的德国企业的新产品研发是与高校、研究院所紧密合作互动的结果[317]。博德瑞和汉娜（2003）也指出对于重大型的创新产品开发而言，高校、研究院所通常是最重要的外部技术知识源[306]。通过为企业提供研究框架以及问题解决方案，高校、研究院所能够帮助企业避免无效的研发试验带来的损失[305]，并帮助企业研发人员选择最优研究线路，从而增加研发效率。此外，与外部创新中介结构、智库的合作互动也有利于企业更好地与外部高校、研究院所的合作，通过创新中介机构、智库提供的服务，企业能够有效地提高与高校、研究院所合作创新的效率[307,257]，从而降低创新成本，提高创新绩效。因此，相比产业伙伴而言，与知识伙伴的合作互动更有利于企业加速创意、技术的商业化以及重大创新项目的实施[318]，由此可以我们可以推断，相比产业伙伴而言，与知识伙伴的合作更有利于提升企业的创新绩效。因此，我们提出以下假设：

假设H3：相比产业伙伴而言，企业与知识伙伴的合作更有助于企业创新绩效的提升。

二、知识伙伴与产业伙伴对创新绩效的交互作用

科学家们通常强调新开创性研究和发明对于创新的重要性，而经济学家

们则常常特别强调市场需求因素，"需求是发明之母"。实际上，创新通常是新技术与市场的结合，它具有两面性，一方面，创新通常包含了需求识别，识别新产品或新工艺的潜在市场。另一方面，创新也包括了技术知识。从这个角度看，"科学推动"创新理论和"需求拉动"创新理论是互补而非互斥的[68]。

斯格然·布拉斯格（Segarra Blasco，2008）认为企业与客户、供应商、竞争对手的合作互动程度越高，企业越倾向于与高校以及其他研究院所进行合作[319]。企业与产业伙伴的合作互动程度越高，对于企业所处的商业环境，产业结构、现有竞争者经营活动也就越了解，而企业自身所积累的资源和能力通常不足以面对市场的不断变化。因此，内部研发资源的匮乏以及市场的推动迫使企业拓展自身的边界，试图从外部的知识伙伴获取与自身互补的关键性的创新资源，因此，企业与产业伙伴的合作将进一步驱动企业与知识伙伴的合作。然而，与外部科学界的泛泛之交并不能影响企业创新，与外界进行长期的、深度的合作才能够获取得到与创新密切相关的知识[320]。并且，产品和工艺通常需要通过设计、研制、排除隐患才能满足用户的特定需求，对用户、供应商、竞争对手的深刻理解和洞察能够促进企业整合内外部科研资源，缩短产品开发周期，比竞争对手率先占领新市场。

企业与高校、研究院所、智库、创新中介机构等知识伙伴的合作有利于获取先进的科学知识以及技术诀窍，但是这些知识往往难以对企业创新行为产生直接的效果，企业必须结合内部资源以及产业结构环境，满足或开发客户需求才有机会获胜。而对产业情况的深刻理解离不开企业与客户、供应商、竞争对手的深度合作，这样才能够有效运用、整合所获取到的科学知识和技术诀窍于企业的内部创新活动当中，从而在激烈的竞争中胜出。

从价值创造的角度看来，企业与产业伙伴、知识伙伴的互动有利于企业在动荡复杂的商业环境中及时获取外部机会、更好地平衡知识探索与知识利用两者之间的关系[54]。从创新生态体系视角看来，企业与产业伙伴、知识伙伴的互动程度越高，对市场需求、行业竞争强度以及行业前沿发展动态理解也会越深刻，有利于企业制定出与外部商业生态环境匹配的整体战略[321]。那么对于企业基于上述分析，本研究提出如下假设：

假设 H4：产业伙伴与知识伙伴对创新绩效有交互作用，企业同时与产业伙伴和知识伙伴进行合作要比单独和产业伙伴或者知识伙伴合作更有利于创新。

三、冗余资源的调节作用

赛尔特（Cyert）以及马奇将冗余资源定义为企业内部所拥有的资源减去维持组织运营所需要的最低资源，所剩下的为冗余资源[322]。博格斯（Bourgeois）认为冗余资源是超过组织有效运转的多余的资源[323]。诺赫然（Nohira）和谷莱蒂（Gulati）将组织冗余资源定义为在一定的组织产出范围内，超出所需投入资源的最低值的资源[324]。根据资源的可再利用性，冗余资源可分为未吸收冗余资源和已吸收冗余资源[325]。未吸收冗余资源（unabsorbed slack）是指当前还没有投入到使用当中的有形资源，容易搜索得到以及被识别出来，并重新配置到其他方面，组织对未吸收冗余资源拥有更大的管理自由裁量权[326]。而已吸收冗余（absorbed slack）资源是指已经被生产过程所吸收的冗余资源，如熟练劳动力和低灵活性机器生产能力等[327]，具有较低的管理可判别性，很难识别。同时，它们又具有很大的"黏性"，不容易被重新配置[328]，本研究分别就未吸收冗余资源以及已吸收冗余资源的调节作用进行理论推导以及探索。

（一）未吸收冗余资源的调节作用

未吸收冗余资源指的是指当前还没有投入企业实际运营的资源，容易被创并利用配置在其他地方[329]，如企业拥有的现金、信誉等资源[330]。首先，从组织理论视角看来，未吸收冗余资源是企业进行战略调整和变革的催化剂，未吸收冗余资源能够有效促进企业开发推广新产品、进入新市场、进行战略性风险投资等[324,331]。在产品创新过程中，企业通过技术购买、专利购买、专利授权许可、契约共同研发项目、共建实体共同经营等方式从外部知识伙伴获取专业知识或者技术诀窍，结合企业内部的研发实力，来加速企业的创新进程。无论是通过契约合作外部购买，还是共建实体进行联合研发，都涉及由于信息不对称带来的道德风险以及对由于管理或协调不当造成的风险，企业未吸收冗余资源能够帮助企业有效缓冲这些风险。其次，未吸收冗余资源有利于提高企业与产业伙伴合作的创新绩效。未吸收冗余资源让企业在不确定的商业环境下有更多的自由裁量权，能促进企业资源管理的分权化，从而增加企业与产业伙伴进行合作的动力，并进一步提高合作的效果。最后，未吸收冗余资源有助于企业与产业伙伴、知识伙伴合作创新项目的实施，并参与一些在资源受限情况下得不到企业支持的项目，有助于培养一种试验的文化氛围[323]，而这种鼓励冒险的试验文化氛围有利于企业打破组织的惯性，促进企业进行产品、服务、商业模式的根本性变革。

在开放式创新时代，企业与产业伙伴、知识伙伴的合作互动是根本性创新项目的实施和成功的必要条件。合作过程中，通常有些项目为企业运作的非相关领域，合作周期较长且在绩效方面难以快速见效，有的项目甚至不能带来任何收益[332]，而企业的未吸收冗余资源能够促进管理层投资参与进入原创性创新相关的项目[333]，从而提高企业实现颠覆式创新的成功概率。另外，企业进行重大型创新项目通常伴随有科学知识的探索以及风险性的试验[334]，未吸收冗余资源高的企业能够有效缓冲这些风险。综合以上分析，本研究认为未吸收冗余资源更高的企业在与产业伙伴、知识伙伴合作过程中能获得更高的创新绩效。

假设 H5a：企业的未吸收冗余资源对知识伙伴与创新绩效的关系起着正向调节的作用。

假设 H5b：企业的未吸收冗余资源对产业伙伴与创新绩效的关系起着正向调节的作用。

（二）已吸收冗余资源的调节作用

已吸收冗余资源是指嵌入在组织运营当中、难以被再次配置利用的冗余资源[323,325]，由于已吸收冗余资源很难被分配到其他特定的用途，通常其被用作超出组织短期运营所需的行政资源[327]，或用来运营维护企业现有经营业务[326]。而对于那些从事技术创新的制造型企业而言，已吸收冗余资源能够为创新项目计划的实施提供了持久的支持，能够帮助企业实现不同技术创新领域的范围经济[335]。

首先，已吸收冗余资源则为企业与外部进行合作提供了良好的资源基础，由于已吸收冗余资源分布与生产经营过程中的各个环节，在与外部知识伙伴及产业伙伴互动合作的过程中，可吸收冗余资源能够促进企业创新战略行为的实施，有利于提高合作创新的成功概率。其次，企业在与产业伙伴、知识伙伴合作互动的过程中已吸收冗余资源能够帮助企业更好的缓冲环境动荡性，以及由于组织资源匮乏而引发的决策冲突[324]。最后，已吸收性冗余资源能够帮助减少企业与外部产业伙伴、知识伙伴合作互动过程中涉及的不同类型知识整合以及协调成本，降低潜在的目标冲突，有利于实现企业与产业伙伴、知识伙伴合作互动程度过程中多元化知识的整合、协同以及运用[335,330]。因此，已吸收性冗余资源对企业与产业伙伴、知识伙伴合作以及创新绩效之间起到正向调节的作用。

假设 H6a：企业的已吸收冗余资源对知识伙伴与创新绩效的关系起着正向调节的作用。

假设 H6b：企业的已吸收冗余资源对产业伙伴与创新绩效的关系起着正向调节的作用。

四、知识伙伴影响创新绩效的概念模型

综合上述分析，本研究可以得出如图 4.1 所示的合作伙伴对创新绩效的影响概念模型。知识伙伴、产业伙伴都会影响企业的创新绩效，并且受到了企业已吸收冗余资源、未吸收冗余资源的正向调节作用。

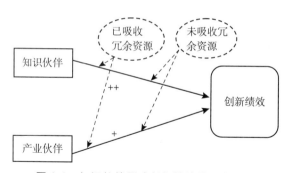

图 4.1　知识伙伴影响创新绩效的概念模型

第二节　知识伙伴对创新绩效影响作用机制模型构建

本章第一节已经论证了企业的产业伙伴、知识伙伴以及两者结合对企业创新绩效具有正向促进作用，本节将进一步分析其中的作用机制，论述组织学习能力在上述关系中的中介作用。如图 4.2 所示，中介作用考察的是自变量影响因变量的方式（温忠麟和张雷等，2005）。

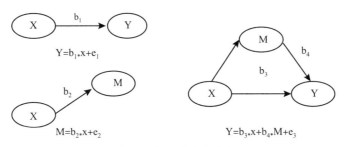

$$Y=b_1*x+e_1$$

$$M=b_2*x+e_2$$

$$Y=b_3*x+b_4*M+e_3$$

图 4.2　模型的中介效应

一、知识伙伴与组织学习能力

（一）知识伙伴与知识搜索获取能力

通常企业的知识伙伴包括有高校、研究院所、智库、创新中介机构等。与高校、研究院所的合作有利于科学知识的获取，企业主要通过专利许可、共同研发、协议合同研究、资助研究以及专家咨询等方式从高校、研究院所获得知识[336,337,175]。企业与高校、研究院所的合作不仅是为了获取原创性技术知识，也是为了支持并完成企业内部已有的研发活动[171,338]。

企业在与外部知识伙伴合作时，通常涉及信息的筛选、识别、处理以及人员的互动，并且建立相对应的管理机制来进行管理。从发现知识源到制定管理外部关系的管理，组织创新管理惯例不断形成[7]，同时基于外部伙伴关系的动态能力也逐步得到提升[339,340]，因此，企业与外部知识伙伴的互动以及合作有利于知识的识别、解码以及获取。企业与知识伙伴不同的合作方式对于不同类型知识的获取影响也不同。企业与高校、研究院所通过契约合同的方式有利于获得显性的知识如专利、商标、技术等[187]。诺纳卡认为企业隐性知识具有很强的情境依赖性，通常难以被直接观察或者直接记录下来，通常需要经过长期交流互动、深度沟通以及实地观察学习才能获取得到，企业与高校研究通过共同经营、共建实体的方式进行合作则有利于长期的信任协作关系的构建，进而促进隐性知识如诀窍（know-how）、研发经验等的获取[341]。企业与智库、创新中介机构等机构的互动合作则有利于行业专业资讯获取以及前沿跟踪，并且有利于不同类别专业知识的交叉融合[257]。基于以上分析，结合探索性案例研究，本研究提出如下假设：

假设 H7：企业与知识伙伴的合作互动程度越高，企业知识搜索获取能力越强。

（二）知识伙伴与知识转移能力

企业作为知识存量的载体，主要目标是不断积累知识，并将知识转化为内部有价值的资产。获取知识固然重要，但如何将知识消化、吸收成为企业的战略性资产对于企业的创新十分关键。知识转移能力指对知识的控制或知识本身从一方传递到另外一方的能力。麦尔斯（Miles）认为企业与外部不同主体的合作有利于互补性知识的协同，进而促进企业内部的知识创造和知识转移[342]。此外，组织与外部知识伙伴合作互动程度越高，那么人员相互面对面接触交流机会越多，有利于专业技能以及经验分享，进而促进隐性知识的转移[90]。再者，隐性知识通常很难被具体明晰化，与知识伙伴的紧密合作通常伴随有过程监管，能够帮助企业更好地识别、分享、转移隐性知识[341,343,340]。基于以上分析本研究提出如下假设：

假设 H8：企业与知识伙伴的合作互动程度越高，企业知识转移能力越强。

（三）知识伙伴与知识整合运用能力

制造一个新的产品或者服务设计到不同类型的知识的运用[89]。通过与外部知识伙伴的合作，企业能够更好地将外部知识融合进入内部研发体系当中，企业的知识边界变得流动模糊之后，与外部的合作也能够让企业同时培养出与之相匹配的企业能力，进而在不确定环境下捕捉新技术带来的战略性机会[48]。再者，将外部知识纳入组织体系需要企业打破企业边界，以不同方式与外部知识伙伴进行合作。在合作过程中，一方面，通过编码化的文件、科学论文、专利等方式获得显性知识；另一方面，企业通过人员流动、项目共同研发、专家咨询指导等方式，来获取隐性知识。因此，企业与外部的知识伙伴的合作有利于企业自身吸收能力的提高，进一步加速知识的吸收和运用。企业结合外部获取得到知识和自身研发实力，将知识转化成为有价值的产品以及服务。因此，本研究提出如下假设：

假设 H9：企业与知识伙伴的合作互动程度越高，企业的知识整合运用能力越强。

二、产业伙伴与组织学习能力

（一）产业伙伴与知识搜索获取能力

现已有研究表明了企业与外部进行合作的动机是获取新的知识[310,107,344,345,89]。

与产业伙伴的合作互动程度越高，企业对市场需求信息、用户偏好变化、供应商相关知识以及竞争对手情报的了解就越充分。企业与产业伙伴如客户的合作有利于市场知识的获取[232]，企业与供应商的合作能够帮助企业获得互补的隐性知识并降低交易成本[150]。企业与竞争对手通常拥有相同的产业背景知识，因此，与竞争对手的合作有利于技术知识的分享以及整合获取[34,107]，进而实现知识资产的规模效应和外部网络效应。博德博思（Beldersbos）通过实证研究表明，企业与客户、供应商的合作有利于增加新开发产品的市场接纳度。另外，与客户的合作能够进一步促进企业与竞争对手及供应商的合作创新，从而有助于企业获取有利于创新的企业外部市场信息需求变化以及知识[346]。因此，企业通过与产业伙伴的合作有利于企业知识搜索获取能力的提升。

然而，高校、研究院所作为创造和传播新科学、技术、管理知识的主体，企业与高校、研究院所的合作有利于各个行业科学技术前沿知识的搜索以及获取[347]。此外，创新中介机构、智库作为高校、研究院所与企业之间的桥梁，对于科技前沿知识的扩散传播能起到积极的作用[257]，与创新中介机构、智库的合作互动能够进一步拓展企业知识搜索的广度以及深度。鉴于此，本研究认为相对产业伙伴而言，企业与知识伙伴的合作对于企业的知识搜索获取能力影响更大。综上所述，我们提出以下假设：

假设 H10：企业与产业伙伴的合作互动程度越高，那么企业的知识搜索获取能力越强；

假设 H11：相比产业伙伴而言，企业与知识伙伴的合作更有利于企业的知识搜索获取能力的提升。

（二）产业伙伴与知识转移能力

企业知识转移能力离不开企业内部的知识分享以及知识激励行为。弗斯（2010）认为企业与客户的互动程度越高，越有利于企业的分权化，进而促进组织内部的知识分享、知识激励，进而提高企业创新绩效[231]。不同的产业伙伴为企业提供的知识类型不同，用户提供的知识大部分是市场需求相关，供应商提供的知识大都是与企业内部制造能力以及工艺创新密切相关的技术知识，而竞争对手合作所提供的知识既有市场知识，又涉及技术、制造相关的知识。埃里克·冯·西普尔（1988）认为客户与供应商是企业重要的创意来源，斯奎尔（Squire，2009）认为那些与供应商有着良好的合作互动关系的企业，知识转移能力明显要更高[348]。日本丰田企业通过与供应商深度合作互动，以不同的学习小组方式向供应商提供学习培训课程，实现了与供应商的显性知识以及隐性知识的共享以及转移[349]。

通用汽车通过共建实体共同经营（joint venture）的方式与日本丰田企业进行合作。一方面，通过学习丰田企业的流程管理来提高自身精益制造能力；另一方面，在共同技术开发方面，促进技术知识的转移，有利于提升企业自身的知识转移能力[350]。企业与产业伙伴的互动程度越高，那么企业内部员工与组织外部进行显性知识、隐性知识分享以及交流的机会也越多[351]，有利于组织的知识转移能力的提高。

此外，企业与高校、研究院所的合作研究项目能够有利于知识的转移[352]。此外，通过专利授权活动也有利于显性技术知识的转移，隐性知识的分享与交流通常需要人员的流动，企业通过邀请高校、研究院所的专家进入企业内部提供培训以及技术指导则有利于隐性诀窍知识的分享以及转移[190,353]。随着企业与知识伙伴的合作互动程度的加深，双方的信任逐步增强，从而进一步促进知识的交流以及转移。此外，通过聘请外部专家进入企业内部进行技术咨询或者是培训授课有利于企业跨部门的人员的知识交流以及对话，通过与专家的培训互动课程有利于企业内部研发、制造、人力资源等部门人员的知识传递以及分享，对于管理层而言，能够更好地平衡企业的探索与开发过程，从而优化企业创新资源的配置，促进企业的工艺创新以及产品创新[47,299]。鉴于此，我们提出以下假设：

假设 H12：企业与产业伙伴的合作互动程度越高，企业知识转移能力越强；

假设 H13：相比产业伙伴而言，与知识伙伴的合作更有利于企业知识转移能力的提升。

（三）产业伙伴与知识整合运用能力

创新是不断将新的想法、新思想、新创意进行商业化的过程。在高度动荡的商业环境下，企业需要有效整合运用已有知识和外部知识，将外部知识整合融入新服务或新产品的开发过程中，并运用合作创新中的知识和技术解决企业面临的实际问题。企业的创新不仅源于用户需求，很多情况下还需要创造需求。企业通过与客户的密切合作以及高度互动，充分了解用户的偏好变化以及未被满足的需求。企业对用户理解越深刻，运用相关知识为用户创造价值的概率也就越大[225]。此外，对于制造型企业而言，企业创新离不开制造能力，与价值链的上游供应商合作有利于前沿技术知识的整合以及运用[219]。最后，企业与竞争对手拥有相同的知识背景以及终端市场，因此，企业通过合作向竞争对手学习，也能够大大提高知识整合运用能力[105]。德斯·范斯（2005）认为企业与知识伙伴的合作通常在于知识的探索，而与产业伙伴的合作目的通常在于知识的开发以及利用[213]，与客户、供应商、竞争对手的合作越深，那么对外部市场环境、产品原料特性以及行业技术特征的理解越深刻，有利于企业将前沿科学知识整合运用进入现有新产品的开发以及生产中。因此，相比知识伙伴而言，企业与产业伙伴的合作将更有利于知识整合运用能力的提升。

假设 14：企业与产业伙伴的合作互动程度越高，企业的知识整合运用能力也就越强；

假设 15：相比知识伙伴，企业与产业伙伴的合作更有利于促进知识整合运用能力。

三、组织学习能力与创新绩效

（一）知识搜索获取能力与创新绩效

包威尔（1996）认为企业的核心能力是建立在外部知识的搜索、获取以及创造方面。首先，外部知识搜索、获取过程通常涉及外部知识的探索以及创新机会的挖掘[17]。重大的战略性机会的识别往往需要特定的专业背景知识，相比内部研发而言，从外部获取特定知识能够降低整体的创新风险以及创新成本[54]。企业从外部搜索获取知识的能力越强，越有利于企业了解竞争对手的技术、组织设计以及产品特性，因而更好地帮助企业进行行业定位。其次，战略机会的实现通常涉及新的问题的解决以及新产品的开发[47,354]，新产品开发设计的原型设计，生产、市场以及销售需要相对应的新的组织设计、人力资源政策（可能涉及关键指标的绩效考核 KPI）等。针对特定的问题，在企业缺乏所需能力时，需要从外部获取解决问题的特定知识来促进创新。高效的知识搜索获取能力能够帮助企业快速把握并实现创新过程中的战略性机会，进而降低创新成本，提高创新绩效[355]。基于以上分析，我们提出以下假设：

假设 H16：企业的知识搜索获取能力与企业创新绩效正相关。

（二）知识转移能力与创新绩效之间的关系

企业知识转移主要包括两个层面：组织内部如不同个体、不同部门、不同团体之间的知识转移，以及组织间的知识转移。鼓励企业内部知识的自由流动有利于新知识的创造以及组织内部的相互学习[89;356]。因科彭认为企业通过以下四种方式来进行组织间的知识转移：人员转移；技术分享；联盟互动包括生产设备、生产过程参观、相关联的战略合作。组织间知识转移的有效性取决于知识的隐性程度以及过程涉及的组织层次[350]。卡瓦斯吉尔（Ca-vusgil）等认为随着技术复杂度的增加，显性知识所带来的边界效应越来越低，企业隐性知识的转移能力能够增加企业创新能力，进而提高企业的产品创新绩效[341]。学者们一致认为知识转移能力强的企业创造的创新绩效要明显高于知识转移能力弱的企业[357-361]。丰田汽车企业极强的竞争优势与其高效的知识转移能力以及组织间学习密不可分[349]。组织知识转移能够促进已有知识和外部获取到的知识的结合，并且增加企业寻找新的外部连结和关联合作的能力[362]，使得组织能够产生新的想法来进行新产品开发[361]。除此之外，知识的转移还能够提高组织运行的效率[363]，使得组织能够更好的理解和评估技术进步的商业价值[8]。另外，组织内部不同部门之间的知识转移为互相学习提供了机会，组织学习以及企业部门之间的内部合作又进一步促进新知识的创造以及产生，进而提高企业的创新能力，提升创新的产出[102,205,361]。基于以上分析，结合探索性案例研究，本研究提出以下假设：

假设17：企业的知识转移能力对企业创新绩效有显著的正向影响。

（三）知识整合运用能力与创新绩效之间的关系

知识基础观的核心理论是企业一个是创造和应用知识的平台，企业的实质是不断创造、转移、整合以及运用企业内外部的知识资产[49,234]。知识运用是指组织为了应对外部环境变化，利用知识以及技术创造新产品的过程。知识整合运用能力涉及组织学习的开发过程[104]，对于新产品的成功开发十分关键。提高研发效率、缩短创新周期的关键是不同类型知识的整合以及应用，其中既包括内部知识和外部知识的整合运用，也包括科学技术知识与市场制造知识的整合运用，总之知识整合运用能力越强的企业，创新能力也越强[49,1]，从而创造出更高的创新绩效。基于以上分析，结合探索性案例研究，本研究提出如下假设：

假设H18：企业的知识整合应用能力对企业创新绩效有显著的正向影响。

四、产业伙伴、知识伙伴对创新绩效作用机制的概念模型

基于本章上文的分析，可以得到知识伙伴、产业伙伴对创新绩效作用机

制的概念模型如图4.3所示。企业与知识伙伴、产业伙伴合作互动程度越高，则组织学习能力越强，从而能够获得更好的创新绩效。

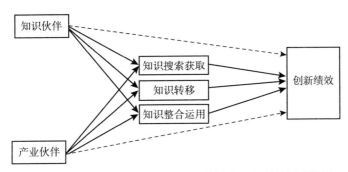

图4.3 产业伙伴、知识伙伴对创新绩效作用机制的概念模型

第三节 本章小结

本章在第三章探索性案例研究得出的关于企业知识伙伴、产业伙伴对创新绩效的影响机制的初步假设命题基础上，本研究试图构建理论模型（如表4.1所示）来解释和论述产业伙伴、知识伙伴、学习能力与创新绩效之间的关系，以及不同要素之间的影响路径。通过推导论证，本章提出了18个假设，汇总如表4.1所示。

表4.1　　　　　　　知识伙伴、产业伙伴与创新绩效理论假设汇总

序号	假设内容	说明
H1	企业与知识伙伴的合作互动程度与创新绩效呈正相关关系	验证性假设
H2	企业与产业伙伴的合作互动程度与创新绩效呈正相关关系	验证性假设
H3	相比产业伙伴而言，企业与知识伙伴的合作更有助于企业创新绩效的提升	
H4	产业伙伴与知识伙伴对创新绩效有交互作用，同时与产业伙伴和知识伙伴进行合作比单独和产业伙伴或知识伙伴合作更有利于创新	探索性假设
H5a	未吸收冗余资源对知识伙伴与创新绩效的关系起着正向调节的作用	探索性假设
H5b	未吸收冗余资源对产业伙伴与创新绩效的关系起着正向调节的作用	探索性假设

序号	假设内容	说明
H6a	已吸收冗余资源对知识伙伴与创新绩效的关系起着正向调节的作用	探索性假设
H6b	已吸收冗余资源对产业伙伴与创新绩效的关系起着正向调节的作用	探索性假设
H7	企业与知识伙伴的合作互动程度越高，企业知识搜索获取能力越强	探索性假设
H8	企业与知识伙伴的合作互动程度越高，企业知识转移能力越强	探索性假设
H9	企业与知识伙伴的合作互动程度越高，企业知识整合运用能力越强	探索性假设
H10	企业与产业伙伴的合作互动程度越高，企业知识搜索获取能力越强	探索性假设
H11	相比产业伙伴而言，企业与知识伙伴的合作更有利于企业的知识搜索获取能力的提升	探索性假设
H12	企业与产业伙伴的合作互动程度越高，企业知识转移能力越强	探索性假设
H13	相比产业伙伴而言，与知识伙伴的合作更有利于企业知识转移能力的提升	探索性假设
H14	企业与产业伙伴的合作互动程度越高，企业知识整合运用能力越强	探索性假设
H15	相比知识伙伴，企业与产业伙伴的合作更有利于促进知识整合运用能力	探索性假设
H16	企业的知识搜索获取能力对创新绩效有显著的正向影响	验证性假设
H17	企业的知识转移能力对创新绩效有显著的正向影响	验证性假设
H18	企业的知识整合应用能力对创新绩效有显著的正向影响	验证性假设

| 第五章 |

研究设计与方法论

为了深入并有效地研究企业知识伙伴与创新绩效的关系及机制，除了进行规范的理论推理和探索性案例分析外，还需要进行定量的实证研究来证实理论推理的正确性。由于本研究的研究对象是中国大陆地区的制造型企业，其中涉及的与外部知识伙伴的合作互动情况等不同变量数据均无法从公开的数据或资料中直接获取得到，因而实证分析部分所需数量主要是通过问卷调查为主的方式。

第一节　问　卷　设　计

根据前述的概念模型和理论基础，本节设计了各个变量的测量问卷。具体安排如下：第一，针对问卷的基本内容以及设计过程进行阐述；第二，说明数据收集过程，其中主要包括统计实证分析所需数据的来源、所运用统计分析方法及工具；第三，对问卷初稿进行进一步的修改完善，得到问卷的最终版本并通过不同渠道、不同方式进行发放。此外，本章还就之后的统计分析方法以及分析工具进行了简要的说明。

一、问卷的基本内容

本研究主要围绕企业知识伙伴对企业创新绩效的影响而展开的，要求问卷能为研究内容提供所需要的有效数据，运用相关分析、方差分析、因子分析、结构方程模型等对这些数据进行统计分析。根据前述的概念模型和研究假设，确定问卷量表中需要测量的变量包括：企业与知识伙伴合作互动程度、企业与产业伙伴合作互动程度、企业创新绩效、组织学习能力。围绕这些部分的研究目的和研究内容，本研究所设计的调查问卷包括了几个方面的内容（详见附录二）：

1. 相关企业的基本情况以及相关信息
2. 企业与外部不同主体合作的情况
3. 企业内部的组织学习能力
4. 企业创新绩效
5. 企业内部的冗余资源情况

二、问卷设计内容

质量优良的问卷是保证研究信度以及效度的重要前提，本研究主要参考马庆国（2002）以及王重鸣（1990）有关于问卷设计需要遵循的前提以及原则，问卷设计的具体步骤如下所示：

（1）通过检索查阅有关企业开放式创新理论、组织学习能力等方面的研究文献，充分吸收与本研究相关的知识，形成初步调查思路。在此基础上，本研究大量搜索国内外相关文献，寻找与测量变量相关的量表。由于各研究者设计的量表存在差异，而且面临的社会文化背景也不同，因此在已有研究文献基础上，整理并修改了相关题项。

（2）利用参与导师课题研究的契机，笔者对湖南长沙、浙江绍兴、山东青岛、江苏苏州、江苏南京、广东深圳、浙江宁波等地的 12 家企业进行了深入的实地调查，对企业的执行总裁、战略规划部门副总裁、人力资源主管或产品经理进行了现场访谈，了解企业创新过程中与外部组织的合作情况、合作期限、合作方式以及与企业发展的关系。

（3）通过向有关专家、学者征求意见，进一步完善问卷量表。首先，笔者向所在学院的专家就测量题项的准确性进行了征询，就问卷内容的合理性和有效性进行了探讨；其次，笔者还向剑桥大学、格罗宁根大学、清华大学的数位专家进行了访谈，共同探讨问卷的合理性和布局等，讨论的内容主要包括问卷题项与研究主题的关联性、题项表达的简洁程度以及准确度等。在综合了多位教授和专家学者所提供的建议的基础上，笔者对问卷作了多次修改和补充，从而完善了调研问卷的初稿。

此外，为了避免问卷回答者不愿意透露一些涉及商业机密的问题，问卷答案设置成了区间范围，并且向回答者承诺研究成果仅用于学术研究，绝不用于商业用途，以期提高问卷回答者回答问题的积极性以及问卷回答结果的真实性。

第二节　数据收集过程

调查抽样主要包括以下三个部分：第一，是确定调查对象，围绕研究的主题界定研究对象的范围；第二，运用合适的取样方法，从总体中抽取样本；第三，根据样本的统计数据进行统计推论。

一、研究样本和答卷者的选择

本研究的样本主要包括有电子及通信设备制造业 32 家，生物医药业 23 家，新材料行业 18 家，电气机械及器材制造业 39 家，钢铁行业 3 家，汽车行业 16 家，冶金与能源行业 18 家，纺织服装业 13 家，仪器仪表及办公用品制造业 29 家，石油化工业 7 家，食品饮料业 15 家。样本企业要求至少成立 5 年以上，以确保企业对自身技术知识范围有明晰的判断为方便操作。我们按照国家级技术中心企业名录、2012 年全国制造企业 500 强中，采取随机抽样的方式随机抽取从中筛选出以上所选行业的部分企业。

本研究选择的答卷者都是技术中心负责人或主管技术的副总经理，或负责产品开发战略的高层领导，要求对企业的技术发展脉络、产品开发战略等方面有清楚和相对准确的认识；邮寄问卷是直接寄给企业的技术中心负责人或负责产品开发战略的管理层人员。为了避免调查问卷研究方法涉及的共同方法偏差，我们将每份问卷分成上下两部分，一部分涉及组织与外部合作伙伴合作情况，以及组织学习情况，而另一部分则分为创新绩效、资源冗余情况。每份问卷需要不同的两位管理者共同参与才能完成问卷，为了保证问卷者的回答真实可靠，且不受回答者的社会期许的影响，我们像答卷者明确指出答案没有对错之分，并对所有的问卷回答内容严格保密，纯属学术研究目的，绝不用于任何商业用途。

二、问卷发放及回收

本研究问卷发放主要是通过信函、邮件、实地调研等方式进行。首先，从《2012 年全国制造企业 500 强》中随机抽取 415 家企业，通过书信或电子邮件两种方式发放问卷。对笔者知晓其技术部门联系邮箱的 102 家企业，考虑到它们可能更愿意填写电子版问卷，因此在 2013 年 6 月中旬和 2014 年 5 月底分两次通过电子邮件的方式请这些企业的技术负责人在网上填写，并直接反馈给笔者，由于是通过互联网进行填写，因此反馈速度较快。对另外不知道电子邮箱的 313 家企业，本研究采用邮寄的方式向这些企业的技术负责人寄出调查问卷，请他们填答问卷，向被调查者保证研究的纯粹学术性和保密性，并请被调查者提供联系邮箱，承诺研究一旦结束将及时将研究结果发送给他们，此外在每一封信中都随信附上邮资已付的返回信封，以望节省被调查者的时间和成本，最后分别回收了 29 份（电子版）和 51 份（书信版）。另外，笔者还委托联系人代为发放与回收问卷。为了提高问卷质量，笔者共委托了 6 位联系人（分别来自北京、上海、湖南、浙江、江苏等地），其中有两人是政府职员（分别来自某省科技厅和某市经贸委），三人为企业中高层管理人员（两位来自北京，一位来自湖南），一人为高校教师（来自浙江），在委托时笔者交代了本研究的研究对象以及涉及范畴。这种方式共发放问卷 287 份，共回收 105 份。二是进行现场发放。研究者在 2012 年 6 月至 2013 年 12 月中旬对事先有联系的南车四方、浙大中控集团、三一重工、新和成制药、吉利汽车集团、深圳航盛电子、海尔集团等 20 多家企业进行现场调研，这种方式共发放问卷 28 份。

第三节 变量度量与指标选择

一、被解释变量

哈智东恩（2003）等认为科研用研发投入、专利数、专利引用数和新产品发布数等指标来衡量企业的创新绩效，但这四个指标存在重叠，他们认为可以用单一指标来度量高技术企业的创新绩效。有一些研究采用单一指标来测量技术创新绩效，其中用得最多的是新产品数量、新产品产值占销售额的比重以及专利数[213]。弗斯（2010）认为可以用两个维度来对创新绩效进行衡量，分别是：与竞争对手相比，企业的创新能力以及企业的盈利能力。国内学者陈钰芬（2007）、何郁冰（2010）、郭爱芳（2010）、梁靓（2013）等对创新绩效的测量指标包括新产品数量、新产品销售额占销售总额的比重、新产品开发速度、创新项目的成功率、专利申请数量等。

本研究主要参考陈钰芬（2007）、郭爱芳（2010）、何郁冰（2010）、梁靓（2013）等人的研究设计问卷，用 5 个题项对企业的创新绩效进行测度：①新产品的数量；②新产品销售收入占销售总额的比重；③创新项目的成功率；④新产品开发的速度；⑤专利申请数量。如表 5.1 所示，题项采用 7 级李克特（Likert-type）打分法。

表 5.1　　　　　　　　　　　创新绩效的测量

测量变量	测量题项	题项来源
创新绩效	新产品的数量	陈钰芬（2007）；朱朝晖（2007）；郭爱芳（2010）
	新产品销售收入占销售总额的比重	
	创新项目的成功率	
	新产品开发的速度	
	专利申请数量	

二、中介变量

综合考虑科学性、适宜性和可行性，本研究综合国内外学者弗斯（2009）、郭爱芳（2012）等对组织学习能力的度量方法，分别为知识搜索获取能力、知识转化能力、知识整合运用能力。

其中针对知识搜索获取能力，用以下四个题项："本企业对行业技术发展动态有很高的敏感度和把握能力""本公司有能力正确预测未来技术及商业模式的变化趋势""我们主动与合作伙伴进行沟通和交流以获得对方最佳工作经验和技术知识""企业对合作创新中涉及的技术和知识对员工进行培训"。

针对知识转移能力，我们采用以下四个题项进行测量："企业指派专人、专门团队研究合作创新中涉及的先进技术和方法""企业的管理者们善于与员工分享合作过程中获取得到的知识和诀窍""公司有专人将员工在与其他组织合作创新过程中涉及的诀窍和知识进行编码，以供他人参考""通过编码的文件以及数据库，员工有机会接触到企业以前积累到的知识和经验"。

针对知识整合运用能力，采用以下四个题项进行测量"本企业有很强的能力将已有或新知识运用到不同情境中来""企业能够有效整合内部已有知识和外部合作伙伴的知识来应对环境变化""本企业有很强的技能将外部知识整合进入新服务或新产品的开发过程当中""公司能够很快应用合作创新中获得的知识和技术解决实际问题"。根据研究需要，在参考以上量表并借鉴相关研究的基础上，本研究针对组织学习能力的初始测量题项共有12个，对每个题项，从1分到7分表示非常不符合或非常符合。本研究组织学习能力的测量题项如表5.2所示。

表5.2　　　　　　　　　　　　　组织学习能力测量题项

构思变量	测量题项	参考文献
知识搜索获取能力	本企业对行业技术发展动态有很高的敏感度和把握能力	郭爱芳（2010）Hsu Fang（2009）魏江（1997）
	本公司有能力正确预测未来技术及商业模式的变化趋势	
	我们主动与合作伙伴进行沟通和交流以获得对方最佳工作经验和技术知识	
	企业对合作创新中涉及的技术和知识对员工进行培训	
知识转移能力	企业指派专人、专门团队研究合作创新中涉及的先进技术和方法	Jansen（2005）Steensma，Lyles（2000）Song（2005）王飞绒（2008）
	企业的管理者们善于与员工分享合作过程中获取得到的知识和诀窍	
	公司有专人将员工在与其他组织合作创新过程中涉及的诀窍和知识进行编码，以供他人参考	
	通过编码的文件以及数据库，员工有机会接触到企业以前积累到的知识和经验	
知识整合运用能力	本企业有很强的能力将已有或新知识运用到不同情境中来	Hsu Hang（2009）郭爱芳（2010）何郁冰（2008）
	企业能够有效整合内部已有知识和外部合作伙伴的知识来应对环境变化	
	本企业有很强的技能将外部知识整合进入新服务或新产品的开发过程当中	
	公司能够很快应用合作创新中获得的知识和技术解决实际问题	

三、自变量

已有实证研究表明企业与知识伙伴互动过程中的知识流动主要是通过以下渠道：共同研发、项目合作、人员流动、通过杂志、报告、会议、网络、培训以及咨询、知识产权、孵化项目等。但作为企业而言，项目合作、共同研发、共建实体、专利合作、人员流动是最重要的合作方式[171,364,251,365]阿尔扎（Arza，2010）认为通过项目共同研发、共建实体以及专家咨询三种方式最有利于企业的技术创新能力的提升[366]。

斯蒂玛（Steenma，2000）认为根据企业与外部合作对象通过合作契约、股权合作等合作方式进行合作时，代表合作互动程度较高[367]。弗斯（2011）则认为企业与客户的互动程度在于总体战略上与客户的交流与互动[231]。在度量企业与知识伙伴、产业伙伴的合作互动程度时，我们参考弗斯（2011）、德斯？范斯（2005）、聂透（2007）、曾（2010）、斯蒂玛（2000）研究结论，并在此基础上进行适当修改形成本研究的自变量测量指标。

我们用以下题项对企业与知识伙伴的合作互动程度进行测量"本企业与高校、研究院所共建联合实验室""本企业聘请高校、研究院所的专家参与企业内部研发""本企业与高校、研究院所合作共同申报纵向课题承担科技项目""本企业邀请高校、研究院所的专家来企业授课培训""本企业为高校、研究院所的创新成果产业化提供风险资金""本企业与高校、研究院所有专利方面的合作""本企业与高校、研究院所通过股权合作的方式成立了子公司""本企业在研发、制造、生产过程中运用外部智库提供的知识以及情报""本企业在研发、制造、生产过程中运用外部创新中介机构提供的信息或服务""本企业与创新中介机构、智库建立了高度互动合作关系"。

针对企业与产业伙伴的合作互动程度，我们用以下题项进行测量："本企业在整体战略上注重与客户的合作与交流互动""本企业与客户在研发、制造、营销、管理过程中有互动合作""本企业在实际管理行为中注重与客户的沟通以及联系""本企业在整体战略上注重与供应商的合作与交流互动""本企业与供应商经常进行信息沟通和交流""本企业与供应商在研发、制造、生产过程中有合作行为""本企业在整体战略上注重与竞争对手的合作与交流互动""本企业与竞争对手在研发、制造、营销、人力资源等方面有过合作行为""本企业在实际管理行为中注重与竞争对手的互动合作"等题项对企业与产业伙伴的合作互动程度进行测量（见表5.3）。构建的选项用7分Likert量表策略，1表示合作互动程度很低；4表示中等；7表示合作互动程度很高。

表5.3 自变量测量题项

构思变量	测量题项	题项来源
知识伙伴合作互动程度	本企业与高校、研究院所共建联合实验室	Faems（2005）Nieto（2007）Steenma（2000）
	本企业聘请高校、研究院所的专家参与企业内部研发	
	本企业与高校、研究院所合作共同申报纵向课题承担科技项目	
	本企业邀请高校、研究院所的专家来企业授课培训	
	本企业为高校、研究院所的创新成果产业化提供风险资金	
	本企业与高校、研究院所有专利方面的合作	
	本企业与高校、研究院所通过股权合作的方式成立了子公司	
	本企业企业在研发、制造、管理过程中运用外部智库提供的知识以及情报	
	本企业在研发、制造、管理过程中运用外部创新中介机构提供的信息或服务	
	本企业与创新中介机构、智库建立了高度互动合作关系	
与产业伙伴合作互动程度	本企业在整体战略上注重与客户的合作与交流互动	Faems（2005）Foss（2011）Zeng（2010）Steenma（2000）
	本企业与客户在研发、制造、营销、管理过程中有互动合作	
	本企业在实际管理行为中注重与客户的沟通以及联系	
	本企业在整体战略上注重与供应商的合作与交流互动	
	本企业与供应商在研发、制造、生产过程中有合作行为	
	本企业与供应商经常进行信息沟通和交流	
	本企业在整体战略上注重与竞争对手的合作与交流互动	
	本企业与竞争对手在研发、制造、营销、人力资源等方面有过合作行为	
	本企业在实际管理行为中注重与竞争对手的互动合作	

四、控制变量的选取

本研究的控制变量包括：企业大小、企业所处行业、企业所成立年限、企业的性质和研发投入。聂透等学者认为，企业规模对创新绩效有着显著影响[368,369]。而杰森（Jansen）等则认为外企通常拥有更多的先进技术资源，因而创新性更强[370]，本研究将企业成立年限以及企业性质作为控制变量。此外，缇赛的研究也指出企业内部研发投入对创新绩效有正向的影响[371]，本研究对研发投入进行了控制。不同行业意味着企业面临着不同的外部环境，如技术机会、竞争强度的差异[372,373]，学者们通常认为相比小企业而言，大企业的创新绩效通常得益于规模经济以及范围经济效应[374]，除此之外，相对小企业而言，大企业往往拥有更高的知识吸收能力[347,168]，我们用员工数量的对数来代表企业大小将其作为了控制变量之一。

五、调节变量

本研究将冗余资源作为调节变量，其中冗余资源又分为已吸收冗余资源以及未吸收冗余资源[325]，参照国外学者诺赫然，谷莱蒂（Gulati，1996）以及国内学者李剑力（2009）对冗余资源的测量指标，本研究用以下题项来测量已吸收冗余资源情况：①公司采用的生产技术以及工艺设备较为先进，但没有被充分利用；②公司拥有的专门人才相对比较多，还有一定的发掘潜力；③公司目前的生产运营低于预定运营目标。用以下题项来测量未吸收冗余资源情况：①公司的留存收益足够满足企业开发新市场的费用需要；②公司有充足的自由资金储备用来进行外部投资；③公司很容易从银行或者其他金融机构获得贷款。

第四节　小样本数据分析

一、小样本数据分析方法

为了进一步提高问卷的有效性以及精准性，需要针对初始问卷进行小样本数据分析，通过小样本数据的信度以及效度检验能够有效提炼出更适合、更精准的测量题项。

因子分析可以帮助检验各个变量之间的相关性，是否可以合并成为几个因子，从而简化数据结构。本研究主要采用 KMO 样本测度以及巴特莱特球体检验）这两个统计量来检验小样本数据是否适合做因子分析。其中

KMO 样本测度值是所有变量的简单相关系数的平方和与这些变量之间的偏相关系数的平方和之差，当 KMO（Kaiser - Meyer - Olkin）值大于 0.7 时，表示变量适合做因子分析。巴特莱特球体检验的统计量的零假设 H_0 是变量的相关系数矩阵为单位矩阵，巴特莱特统计值的显著性概率，小于或等于 α 时，拒绝零假设，表明可以做因子分析。具体而言，本研究运用 SPSS16.0 分析软件模块中的分析中的"数据降维（data reduction）"进行探索性因子分析。

二、小样本数据分析

本研究主要针对江苏、浙江、湖南省内具有开放式创新行为的相关企业，采用随机抽样方法，抽取 100 家企业进行调查，回收有效问卷 62 份。

（一）被解释变量：创新绩效

首先对被解释变量创新绩效量表进行探索性因子分析（exploratoryfactor analysis）的效度检验。检验结果如表 5.4 所示，创新绩效的 KMO 值为 0.821，大于 0.7，并且 Bartlett 球体检验统计值的显著性概率是 0.000，小于 1%，说明数据是具有相关性，是适宜做因子分析的。因此，本研究继续用所构建的创新绩效量表的五个题项"新产品所占销售比""新产品数量""专利申请数量""推出新产品速度""创新项目成功率"用来进行探索性因子分析。在 SPSS16.0 软件分析当中，设置特征根大于 1，最大因子载荷大于 0.5 的要求，提取出一个因子，累积解释变异差为 78.803%，并且所有的因子载荷都大于 0.7（见表 5.5），所以这五个题项显著地反映了企业的创新绩效的情况，有上述小样本数据分析结果可知创新绩效量表具有良好的效度。

表 5.4　　创新绩效的 KMO 与 Bartlett 球体检验统计结果（N = 57）

KMO 取样适度性度量值	0.821
Bartlett 球体检验	近似卡方 189.902
	自由度 10
	显著性 0.000

表 5.5　　　　　　创新绩效的探索性因子分析结果（N = 57）

题号	题项	因子载荷
1	新产品所占销售比	0.872
2	新产品数量	0.887
3	专利申请数	0.901
4	推出新产品的速度	0.892
5	创新项目成功率	0.878
累积解释方差		78.803%

接下来继续利用小样本数据对创新绩效的信度进行检验，检验结果如表5.6所示，创新绩效变量题项的一致性系数 Cronbach's α 值为 0.853，大于0.7，题项—总体相关系数并且题项—总体相关性最小值为均大于 0.5，且表中删除该变量后的 α 值一般都比子量表的 α 值小，说明创新绩效量表具有较高信度。

表 5.6　　　　　　创新绩效的信度检验（N = 57）

变量	题项（简写）	题项 – 总体相关系数	删除该题项后的 α 值	Cronbach's α 值
1	新产品占销售比	0.776	0.807	
2	新产品数量	0.802	0.823	
3	专利申请数	0.814	0.834	0.853
4	推出新产品速度	0.809	0.815	
5	创新项目成功率	0.817	0.830	

（二）中介变量

运用小样本数据就本研究的中介变量 – 组织学习能力进行效度检验，检验结果如表5.7所示，检验所得到的结果中 KMO 值为 0.829，大于0.7，并且表中的巴特莱球体检验的 χ^2 检验值的显著性概率是 0.000，小于 1%，说明数据具有相关性，非常适合做因子分析。另外，用 SPSS16.0 软件对组织学习能力的 12 个题项目进行主成分因子分析，案例本研究中文献对组织学习能力维度的划分，在分析时强制提取出三个因子，第 1 ~ 4 题归结一个公共因子，为知识搜索获取能力；第 5~8 题归结为一个公共因子，为知识转移能力；题 9~12 归结为一个公共因子，为知识整合运用能力，所选三个因子的累积解释变差为 85.161%，所有因子的载荷均大于 0.7，所以这 12 个题项显著地反映了组织学习能力的情况，归结为知识搜索获取能力、知识转移能力和知识整合运用能力三个因子（见表 5.8）。

表 5.7   组织学习能力的 KMO 与 Bartlett 球体检验统计结果 （N = 57）

KMO 取样适度性度量值	0.829
Bartlett 球体检验	近似卡方 118.530
	自由度 47
	显著性 0.000

表 5.8   组织学习能力的探索性因子分析结果 （N = 57）

题号	题项（简写）	因子载荷		
		1	2	3
1	对行业技术发展动态有很高的敏感度和把握能力	0.787	0.095	0.033
2	有能力正确预测未来技术及商业模式的变化趋势	0.821	0.140	0.121
3	我们主动与合作伙伴进行沟通和交流以获得对方最佳工作经验和技术知识	0.779	0.098	0.122
4	企业对合作创新中涉及的技术和知识对员工进行培训	0.756	0.110	0.212
5	企业指派专人、专门团队研究合作创新中涉及的先进技术和方法	0.132	0.877	0.112
6	企业的管理者善于与员工分享合作过程中获取得到的知识和诀窍	0.096	0.798	0.132
7	有专人将员工在与其他组织合作创新过程中涉及的诀窍和知识进行编码，以供他人参考	0.117	0.891	0.211
8	通过编码的文件以及数据库，员工有机会接触到企业以前积累到的知识、诀窍和经验	0.181	0.821	0.142
9	本企业有很强的能力将已有或新知识运用到不同情境中来	0.115	0.223	0.834

续表

题号	题项（简写）	因子载荷		
		1	2	3
10	能有效整合内外部知识来应对环境变化	0.142	0.267	0.710
11	企业有很强的技能将外部知识整合进入新服务或新产品的开发过程当中	0.178	0.140	0.787
12	企业能够很快应用合作创新中获得的知识和技术解决实际问题	0.219	0.247	0.786
累积解释方差		85.161%		

随后对组织学习能力的各因子分别进行信度分析，以检验各因子内部的题项之间的一致性。首先对知识搜索获取能力进行信度检验，分析结果如表5.9所示，题项的Cronbach's α 系数大于0.7，题项—总体相关系数均远大于0.5，删除某个测量条款后的 Cronbach's α 系数均比子量表总的 a 系数要小，说明知识搜索获取能力的各题项之间具有较好的内部一致性，不需要删除相关题项。

表5.9　　　　　　　　知识搜索获取能力的信度检验（N＝57）

变量	题项（简写）	题项—总体相关系数	删除该题项后的 α 值	Cronbach's α 值
1	本企业对行业技术发展动态有很高的敏感度和把握能力	0.761	0.812	
2	本企业有能力正确预测未来技术及商业模式的变化趋势	0.789	0.776	
3	我们主动与合作伙伴进行沟通和交流以获得对方最佳工作经验和技术知识	0.807	0.809	0.841
4	企业对合作创新中涉及的技术和知识对员工进行培训	0.813	0.802	

其次对知识转移能力进行信度分析检验，分析结果如表5.10所示结果说明了知识转移能力的各题项之间具有较好的内部一致性，不需要删除相关题项。

表 5.10　　　　　　知识转移能力的信度检验（N =57）

变量	题项（简写）	题项—总体相关系数	删除该题项后的 α 值	Cronbach's α 值
1	指派专人、专门团队研究合作创新中涉及的先进技术和方法	0.778	0.829	
2	管理者们善于与员工分享合作过程中获取得到的知识和诀窍	0.801	0.816	
3	有专人将员工在与其他组织合作创新过程中涉及的诀窍和知识进行编码，以供他人参考	0.824	0.837	0.862
4	通过编码的文件以及数据库，员工有机会接触到企业以前积累到的知识、诀窍和经验	0.780	0.810	

接下来对组织学习能力的知识整合运用能力进行信度分析检验，检验结果显示说明了知识整合运用能力的各题项之间具有较好的内部一致性，不需要删除相关题项（见表 5.11）。

表 5.11　　　　　　知识整合运用能力的信度检验（N =57）

变量	题项（简写）	题项—总体相关系数	删除该题项后的 α 值	Cronbach's α 值
1	本企业有很强的能力将已有或新知识运用到不同情境中来	0.786	0.817	
2	能有效整合内外部知识来应对环境变化	0.789	0.832	
3	企业有很强的技能将外部知识整合进入新服务或新产品的开发过程当中	0.804	0.827	0.845
4	企业能够很快应用合作创新中获得的知识和技术解决实际问题	0.811	0.825	

（三）调节变量

运用小样本数据就本研究的调节变量—冗余资源进行效度检验，检验结果如表 5.12 所示，检验所得到的结果中 KMO 值为 0.787，大于 0.7，并且表中的巴特莱球体检验的 X2 检验值的显著性概率是 0.000，小于 1%，说明数据具有相关性，非常适合做因子分析。另外，用 SPSS16.0 软件中对冗余资源的 6 个题项目进行主成分因子分析，得到表 5.13 的结果，两个因子的累积解释变差为 78.315%，所有因子的载荷均大于 0.7，所以这 6 个题项显著地反映了冗余资源能力的情况。

表 5.12　　冗余资源的 KMO 与 Bartlett 球体检验统计结果（N = 57）

KMO 取样适度性度量值	0.787
Bartlett 球体检验	近似卡方 378.530
	自由度 15
	显著性 0.000

表 5.13　　　　　　　冗余资源的探索性因子分析结果（N = 57）

题号	题项（简写）	因子载荷	
		1	2
1	本企业的留存收益足够满足企业开发新市场的费用需要	0.681	0.203
2	本企业有充足的自由资金储备用来进行外部投资	0.728	0.241
3	本企业很容易从银行或者其他金融机构获得贷款	0.751	0.192
4	本企业采用的生产技术以及工艺设备较为先进，但没有被充分利用	0.211	0.787
5	本企业拥有的专门人才相对比较多，还有一定的发掘潜力	0.176	0.769
6	本企业目前的生产运营低于预定运营目标	0.223	0.803
累积解释方差		78.315%	

接下来对未吸收冗余资源、已吸收冗余资源进行信度分析检验，检验的结果如表 5.14 所示，各个指标均说明未吸收冗余资源以及已吸收冗余资源的各题项之间具有较好的内部一致性，不需要删除相关题项。

表 5.14　　未吸收冗余资源、已吸收冗余资源的信度检验（N = 57）

变量	题项（简写）	题项与总体相关系数	删除该题项后的 α 值	Cronbach's α 值
未吸收冗余资源	本企业的留存收益足够满足企业开发新市场的费用需要	0.773	0.807	0.865
	本企业有充足的自由资金储备用来进行外部投资	0.782	0.823	
	本企业很容易从银行或者其他金融机构获得贷款	0.805	0.834	
已吸收冗余资源	本企业采用的生产技术以及工艺设备较为先进，但没有被充分利用	0.789	0.810	0.831
	本企业拥有的专门人才相对比较多，还有一定的发掘潜力	0.774	0.797	
	本企业目前的生产运营低于预定运营目标	0.753	0.779	

第五节　数据整理与样本描述

一、样本与变量的描述性统计

研究的样本分布情况主要针对研究样本企业行业分布、规模、研发投入等指标进行描述性统计分析，以描述样本企业的构成和分布情况。

（一）样本企业的行业分布

在本研究的 213 家样本企业中，有电子及通信设备制造业 32 家（15.02%），生物医药业 23 家（10.80%），新材料行业 18 家（8.45%），电气机械及器材制造业 39 家（18.31%），钢铁行业 3 家（1.41%），汽车行业 16 家（7.51%），冶金与能源行业 18 家（8.45%），纺织服装业 13 家（6.10%），仪器仪表及办公用品制造业 29 家（13.61%），石油化工业 7 家（3.28%），食品饮料业 15 家（7.04%）。样本企业的行业分布如图 5.1 所示。

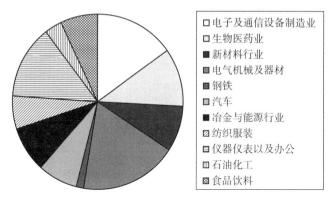

图 5.1 企业的行业分布情况

（二）样本企业的年龄

本研究当中所调研的企业的成立年限大多是在 5～30 年。其中，成立 5～10 年的占 23.2%，成立 11～20 年的企业占比为 39.8%，成立 21～30 年的企业占比为 25%，成立 30 年以上的企业占比为 12%。一般来说，企业成立时间越久，越具备较为丰富的资源进行合作创新实践（见图 5.2）。

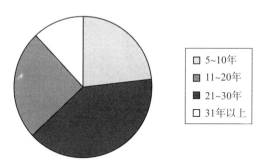

图 5.2 企业成立年限

（三）样本企业的规模

如图 5.3 所示，在本研究的 213 个企业样本中，一共有 7 家企业的员工人数少于 100 人，占 3.29%；一共有 48 家企业的员工人数在 100～500 人，占 22.51%；43 家企业的员工人数在 500～1 000 人，占 20.19%；39 家企业的员工人数在 1 000～2 000 人，占 18.31%；一共有 76 家企业的员工人数在 2 000 人以上，占 35.70%。

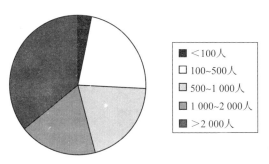

图5.3　企业员工数量

（四）企业研发投入

从企业研发投入情况来看，研发投入在 5% ～ 10% 的样本企业占到 21.4%，研发投入大于 10% 的样本企业占 23.5%，如图 5.4 所示，39.3% 的样本企业的研发投入占销售收入的百分比在 2% ～ 5%，几乎占到所有样本企业的一半。除此之外，研发投入少于 2% 的样本企业占到 15.8%。

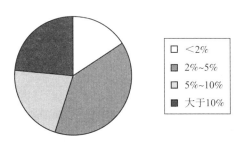

图5.4　企业研发投入情况

二、数据合并的有效性

为了将样本合并后从整体上进行分析，需要考虑通过不同途径搜集而来的两组样本数据之间是否有显著差异，本研究对不同搜集途径的样本进行了方差分析，用来判断不同样本的均值是否存在显著性差异，以检验样本合并的有效性。结果如表 5.15 以及表 5.16 所示。

表 5. 15 不同途径样本的方差齐性检验

变量	Levene 统计值	自由度	显著性概率
新产品销售收入占总销售收入的比重	0. 112	211	0. 496
年均新产品数	1. 966	211	0. 788
年均专利申请数	0. 177	211	0. 675
创新项目的成功率	0. 909	211	0. 808
推出新产品的速度	3. 214	211	0. 951

表 5. 16 不同途径方差分析

变量	方差来源	平方和	自由度	均方和	F 值	显著性概率
新产品销售收入占总销售收入的比重	组间差异	0. 729	1	0. 729	0. 473	0. 492
	组内差异	291. 229	211	1. 541		
	总和	291. 958	212			
年均新产品数	组间差异	0. 139	1	0. 139	0. 075	0. 784
	组内差异	349. 578	211	1. 850		
	总和	349. 717	212			
年均专利申请数	组间差异	0. 353	1	0. 353	0. 178	0. 674
	组内差异	375. 228	211	1. 985		
	总和	375. 581	212			
推出新产品的速度	组间差异	0. 009	1	0. 009	0. 004	0. 949
	组内差异	399. 164	211	2. 112		
	总和	399. 173	212			
创新项目成功率	组间差异	0. 090	1	0. 090	0. 060	0. 807
	组内差异	285. 292	211	1. 509		
	总和	285. 382	121			
	组内差异	296. 029	211	1. 566		
	总和	296. 230	212			

第六节　分析方法描述

考虑到对组织学习能力的中介效应进行实证时，变量间的因果关系较为复杂的特点，传统的多元回归方法虽然仍然有效可行但可能效果不够理想，因此本研究准备运用结构方程模型来检验知识伙伴影响企业创新绩效的中介作用机制的理论假设。

一、信度、效度检验

本研究运用 SPSS16.0 统计软件包，对第四章的理论模型中的变量以及变量之间的相互关系进行描述性分析、信度与效度检验和探索性因子分析。

信度（reliability）是指测量效果的一致性和稳定性。效度（validity）是指测量的正确性。效度衡量通常包括内容效度（content validity）和构思效度（construct validity）两方面。探索性因子分析能够将具有错综复杂关系的变量综合为少数几个核心因子，可用于寻找多元观测变量的本质结构[375]。

二、验证性因子分析

验证性因素分析通常明确将变量归类于那个因子层面中，并同时决定因素构念间是相关的，与探索性因素分析相比，验证性因子分析有较多的理论验证程序。但在对于测验编制的应用当中来说，探索性因子分析与验证性因子分析的基本目标都是相似的，皆在解释变量之间的相关或者共变关系，但验证性因子偏重于检验假定的观察变量与假定的潜在变量之间的关系[375]。

三、结构方程建模

结构方程模型不仅能够反映模型中要素和要素之间单独的关系，还能够反映要素之间的相互影响。应用结构方程模型进行统计分析一般可以粗略分为四个步骤（侯杰泰等，2004）：①模型建构；②模型拟合；③模型评价；④模型修正。用于评价和选择模型的拟合指数通常包括：卡方值（chi-square，χ^2）、卡方自由度比 χ^2/df、残差均方和平方根（root mean square residual RMR)、近似误差均方根（root means quare error of approximation，RM-SEA）、标准化残差均方根（standardized root meansquare residual，SRMR）、适配度指数（goodness-of-fitxndex，GFI）、调整适配度指数（adjusted good-ness-of-fitxndex GFI）、规准适配指数（normed fit Index，NFI）、非规准适配指数（non-normed fit index，NNFI 或 TLI）、比较适配指（comparative fit index，CFI）等。表 5.17 列出了整体模型适配度的评价指标以及标准[375]。

表 5.17　　　　　　　　　　　结构方程模型适配度评价指标以及标准

统计检验量	适配的标准或者是临界值
绝对适配度指标	
χ^2 值	显著性概率值 p > 0.05（未达显著性水平）
χ^2/df 值	1 < χ^2/df < 3，简约适配程度，χ^2/df > 5，模型需要修正
GFI 值	> 0.90 以上
AGFI 值	> 0.90 以上
RMSEA 值	< 0.05（适配良好）
增值适配度指数	
NFI 值	> 0.90 以上
RFI 值	> 0.90 以上
IFI 值	> 0.90 以上
CFI 值	> 0.90 以上
TLI 值（NNFI）值	> 0.90 以上

参考侯杰泰、温忠麟和成子娟（2004）的研究，本研究将综合运用绝对拟合指数与相对拟合指数进行模型评价，选取 χ^2/df 值、RMSEA、TLI 和 CFI 四类广为认可和应用的指标作为评价模型的拟合指数，具体判别标准如下：在统计分析的程序上，一方面，本研究运用 AMOS17.0 软件，采用结构方程模型方法对企业与产业伙伴的合作互动程度、企业与知识伙伴的合作互动程度，以及组织学习能力与企业绩效间关系进行统计分析。本研究通过AMOS17.0软件包确定出最终的结构方程模型，检验本研究第四章中的提出的知识伙伴、产业伙伴与创新绩效关系和组织学习能力的中介效应的理论假设；另一方面，本研究运用SPSS16.0 软件，采用多元回归方法对冗余资源对"产

业伙伴与企业创新绩效"以及"知识伙伴与企业创新绩效"的调节效应进行统计分析，检验本研究中的理论假设 H5 – H6。具体的实际步骤详见相应章节，此处不再展开。

第七节　本 章 小 结

　　本章主要针对问卷设计、数据收集过程、变量度量以及指标选择方面进行了描述，运用小样本数据对变量的各个指标的信度以及效度进行了检测。此外，本章还针对研究中所涉及的研究分析方法进行了简要的描述。

|第六章|
知识伙伴对企业创新绩效影响的实证分析

第一节 变量设计、量表的信度与效度分析

一、变量的定义与分类

结构方程模型研究所涉及的变量，从可测性的角度可分为两类：显变量和潜变量。在本研究的实证研究中，潜变量包括创新绩效、组织学习能力、与知识伙伴合作互动程度、与产业伙伴合作互动程度共 4 项，显变量共 36 项，变量分类如表 6.1 所示。

表 6.1 模型中的变量分类

潜变量	显变量符号	显变量内容
知识伙伴合作互动程度	K1	本企业与高校、研究院所共建联合实验室
	K2	本企业聘请高校、研究院所的专家参与企业内部研发
	K3	本企业与高校、研究院所合作共同申报纵向课题承担科技项目
	K4	本企业邀请高校、研究院所的专家来企业讲课培训
	K5	本企业为高校、研究院所的创新成果产业化提供风险资金
	K6	本企业与高校、研究院所有专利方面的合作
	K7	本企业与高校、研究院所通过股权合作的方式成立了子公司

续表

潜变量	显变量符号	显变量内容
知识伙伴合作互动程度	K8	本企业企业在研发、制造、管理过程中运用外部智库提供的知识以及情报
	K9	本企业在研发、制造、管理过程中运用外部创新中介机构提供的信息或服务
	K10	本企业与创新中介机构、智库建立了高度互动合作关系
与产业伙合作互动程度	I1	本企业在整体战略上注重与客户的合作与交流互动
	I2	本企业与客户在研发、制造、营销、管理过程中有互动合作
	I3	本企业在实际管理行为中注重与客户的沟通以及联系
	I4	本企业在整体战略上注重与供应商的合作与交流互动
	I5	本企业与供应商在研发、制造、生产过程中有合作行为
	I6	本企业与供应商经常进行信息沟通和交流
	I7	本企业在整体战略上注重与竞争对手的合作与交流互动
	I8	本企业与竞争对手在研发、制造、营销、人力资源等方面有过合作行为
	I9	本企业在实际管理行为中注重与竞争对手的互动合作
知识搜索获取能力	KA	本企业对行业技术发展动态有很高的敏感度和把握能力
	KA	本企业有能力正确预测未来技术及商业模式的变化趋势
	KA	本企业主动与合作伙伴进行沟通和交流以获得对方最佳工作经验和技术知识
	KA	企业对合作创新中涉及的技术和知识对员工进行培训
知识转化能力	KT	企业指派专人、专门团队研究合作创新中涉及的先进技术和方法
	KT	企业的管理者们善于与员工分享合作过程中获取得到的知识和诀窍
	KT	企业有专人将员工在与其他组织合作创新过程中涉及的诀窍和知识进行编码，以供他人参考
	KT	通过编码的文件以及数据库，员工有机会接触到企业以前积累到的知识，诀窍和经验

潜变量	显变量符号	显变量内容
知识整合 运用能力	KY	本企业有很强的能力将已有或新知识运用到不同情境中来
	KY	本企业能够有效整合内部已有知识和外部合作伙伴的知识来应对环境变化
	KY	本企业有很强的技能将外部知识整合进入新服务或新产品的开发过程当中
	KY	本企业能够很快应用合作创新中获得的知识和技术解决实际问题
创新绩效	IP1	新产品销售收入占总销售收入的比重
	IP2	年均新产品数
	IP3	年均专利申请数
	IP4	推出新产品的速度
	IP5	创新项目的成功概率

二、信度分析

本研究的信度的检验结果见表 6.2，从表中 6.2 可见，与知识伙伴的合作互动程度测量题项的一致性系数 Cronbach α 值为 0.837，大于 0.7，并且 CITC 最小值为 0.596，大于 0.35 的最低标准；且表中删除该变量后的 α 值一般都比子量表的 α 值小，说明该量表具有较高的信度。

表 6.2 　　　　　信度分析——与知识伙伴的合作互动程度

题项	CITC	删除该题项后的 α 值	Cronbach α 值
与高校、研究院所共建联合实验室	0.677	0.792	
聘请高校、研究院所的专家参与企业内部研发	0.741	0.767	0.837
与高校、研究院所合作共同申报纵向课题承担科技项目	0.596	0.832	
邀请高校、研究院所的专家来企业讲课培训	0.686	0.787	

续表

题项	CITC	删除该题项后的 α 值	Cronbach α 值
为高校、研究院所的创新成果产业化提供风险资金	0.733	0.801	
我们与高校、研究院所有专利方面的合作	0.701	0.771	
与高校、研究院所通过股权合作的方式成立了子公司	0.682	0.738	
本企业在研发、制造、生产过程中运用外部智库提供的知识以及情报	0.692	0.699	0.837
在研发、制造、生产过程中运用外部创新中介机构提供的信息或服务	0.701	0.791	
与创新中介机构、智库建立了互动合作关系	0.682	0.812	

从表 6.3 中可见，与产业伙伴合作互动程度的测量题项的一致性系数 Cronbach α 值为 0.865，大于 0.7，并且 CITC 最小值为 0.645，大于 0.35 的最低标准，且表中删除该变量后的 α 值一般都比较子量表的 α 值（0.865）小，说明此量表具有较高的信度。

表 6.3　　　　　　　信度分析——与产业伙伴的合作互动程度

题项	CITC	删除该题项后的 α 值	Cronbach α 值
本企业在整体战略上注重与客户的合作与交流互动	0.685	0.839	
本企业与客户在研发、制造、营销、管理过程中有互动合作	0.724	0.823	
本企业在实际管理行为中注重与客户的沟通以及联系	0.718	0.791	
本企业在整体战略上注重与供应商的合作与交流互动	0.778	0.802	
本企业与供应商在研发、制造、生产过程中有合作行为	0.671	0.845	0.865
本企业与供应商经常进行信息沟通和交流	0.659	0.815	
本企业在整体战略上注重与竞争对手的合作与交流互动	0.667	0.802	
本企业与竞争对手在研发、制造、营销、人力资源等方面有过合作行为	0.645	0.773	
本企业在实际管理行为中注重与竞争对手的互动合作	0.702	0.788	

从表 6.4 知识搜索获取能力的测量题项来看，测量题项的一致性系数 Cronbach α 值为 0.718，大于 0.6，并且 CITC 最小值为 0.491，大于 0.35 的最低标准，且表中删除该变量后的 α 值一般都比子量表的 α 值小，说明知识搜索获取能力量表具有较高信度。从知识转化能力的测量题项来看，Cronbach α 值为 0.829，大于 0.6，并且 CITC 最小值为 0.620，大于 0.35 的最低标准，且表中删除该变量后的 α 值一般都比子量表的 α 值小，说明知识转化能力量表具有较高信度。知识整合运用能力的信度检验显示，Cronbach α 值为 0.873，大于 0.6，并且 CITC 最小值为 0.669，大于 0.35 的最低标准，且表中删除该变量后的 α 值一般都比子量表的 α 值小，说明知识整合运用能力量表具有较高信度。

表 6.4　　　　　　　　　　　　　组织学习能力各维度信度检验

	题项	CITC	删除该题项后的 α 值	Cronbach α 值
知识搜索获取能力	本企业对行业技术发展动态有很高的敏感度和把握能力	0.491	0.666	0.718
	本企业有能力正确预测未来技术及商业模式的变化趋势	0.517	0.651	
	我们主动与合作伙伴进行沟通和交流以获得对方最佳工作经验和技术知识	0.561	0.641	
	企业对合作创新中涉及的技术和知识对员工进行培训	0.501	0.671	
知识转移能力	企业指派专人、专门团队研究合作创新中涉及的先进技术和方法	0.654	0.787	0.829
	企业的管理者们善于与员工分享合作过程中获取得到的知识和诀窍	0.664	0.785	
	企业有专人将员工在与其他组织合作创新过程中涉及的诀窍和知识进行编码，以供他人参考	0.712	0.758	
	通过编码的文件以及数据库，员工有机会接触到企业以前积累到的知识、诀窍和经验	0.620	0.806	

续表

	题项	CITC	删除该题项后的 α 值	Cronbach α 值
知识整合运用能力	本企业有很强的能力将已有或新知识运用到不同情境中来	0.730	0.837	0.873
	企业能够有效整合内部已有知识和外部合作伙伴的知识来应对环境变化	0.669	0.869	
	企业有很强的技能将外部知识整合进入新服务或新产品的开发过程当中	0.769	0.822	
	企业能够很快应用合作创新中获得的知识和技术解决实际问题	0.767	0.822	

从表 6.5 中可见，企业创新绩效测量题项的一致性系数 Cronbach α 值为 0.894，大于 0.7，并且 CITC 最小值为 0.621，大于 0.35 的最低标准，且表中删除该变量后的 α 值一般都比较子量表的 α 值小，说明企业创新绩效量表具有较高的信度。

表 6.5　　　　　　　　　信度分析——企业绩效

题项	CITC	删除该题项后的 α 值	Cronbach α 值
新产品销售收入占总销售收入的比重	0.721	0.876	0.894
年均新产品数	0.791	0.862	
年均专利申请数	0.826	0.851	
推出新产品的速度	0.621	0.891	
创新项目成功率	0.760	0.867	

三、效度分析

本研究主要考量各个变量的内容效度以及构思效度。内容效度是指测量或者量表内容的切适性与行为构念，通常也成为逻辑效度。本研究研究模型中企业与知识伙伴合作互动程度、企业与产业伙伴合作互动程度、组织学习能力和创新绩效量表的各变量具体指标的提出，是经过相关文献研究结果总结、现场访谈和专家咨询、小样本预试三个阶段修改而成的，量表概括了相关研究文献的已有成果，因此可认为具有相当的内容效度。针对构思效度的检验，本研究拟通过验证性因子分析来对构思效度进行检测。

（一）企业与知识伙伴、产业伙伴的合作互动程度

研究运用 AMOS17.0 对企业与知识伙伴的合作互动程度进行验证性因子分析，测量模型及拟合结果分别如图 6.1 和表 6.6 所示。实证研究结果表明该模型拟合效果较好，图 6.1 所示的因子结构通过了验证，说明本研究对变量的划分与测度是有效的。

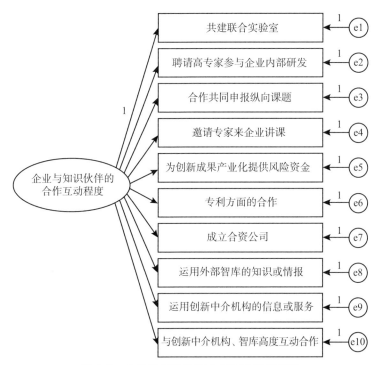

图 6.1　企业与知识伙伴合作互动程度模型

表 6.6　　企业与知识伙伴合作互动程度测量模型拟合结果（N=213）

路径名称	参数	标准化路径系数	参数估计值	S. E.	C. R.	P
K1 ← 知识伙伴		0.673	1.000			
K2 ← 知识伙伴		0.877	1.280	0.130	9.852	***
K3 ← 知识伙伴		0.751	1.032	0.111	9.266	***
K4 ← 知识伙伴		0.632	0.902	0.112	8.021	***
K5 ← 知识伙伴		0.721	0.898	0.099	9.991	***

续表

参数 路径名称	标准化路径系数	参数估计值	S. E.	C. R.	P
K6 ←— 知识伙伴	0.701	0.988	0.106	9.998	***
K7 ←— 知识伙伴	0.689	0.991	0.119	9.892	***
K8 ←— 知识伙伴	0.708	0.984	0.121	9.031	***
K9 ←— 知识伙伴	0.775	0.928	0.116	9.818	***
K10 ←— 知识伙伴	0.719	0.880	0.098	9.789	***
$\chi^2 = 5.297$ Df = 2	RMSEA = 0.073　GFI = 0.956 CFI = 0.938				

研究运用 AMOS17.0 对企业与产业伙伴的合作互动程度进行验证性因子分析，测量模型及拟合结果分别如图 6.2 和表 6.7 所示。通过实证研究结果表明该模型拟合效果较好，图 6.2 所示的因子结构通过了实证数据的验证，说明本研究对变量的划分与测度是有效的。

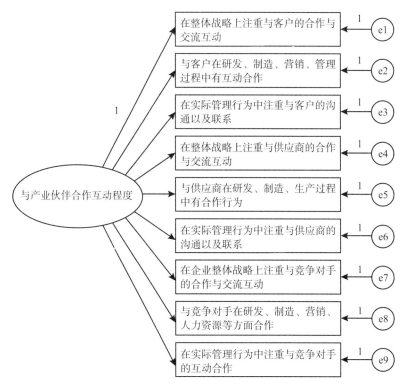

图 6.2　企业与产业伙伴合作互动程度模型

表 6.7　　　企业与产业伙伴互动程度测量模型拟合结果（N = 213）

路径名称 参数	标准化路径系数	参数估计值	S. E.	C. R.	P
I1 ← 产业伙伴	0. 743	1. 000			
I2 ← 产业伙伴	0. 808	1. 048	0. 106	9. 850	***
I3 ← 产业伙伴	0. 841	0. 898	0. 108	8. 347	***
I4 ← 产业伙伴	0. 883	0. 900	0. 102	8. 850	***
I5 ← 产业伙伴	0. 839	1. 012	0. 123	10. 012	***
I6 ← 产业伙伴	0. 901	1. 119	0. 141	9. 302	***
I7 ← 产业伙伴	0. 912	0. 922	0. 098	9. 991	***
I8 ← 产业伙伴	0. 930	0. 936	0. 099	9. 212	***
I9 ← 产业伙伴	0. 907	0. 922	0. 108	9. 990	***
			0. 119	9. 990	***

$\chi^2 = 5.810$　$\chi^2/df = 2.905$	CFI = 0. 938　RMSEA = 0. 043		
df = 2	GLI = 0. 976　TFI = 0. 958		

（二）组织学习能力

图 6.3 所示的因子结构通过了验证，表 6.8 的数据结果说明本研究对组织学习能力的不同维度知的划分与测度是有效的。

表 6.8　　　组织学习能力测量模型拟合结果（N = 213）

路径名称 参数	标准化路径系数	参数估计值	S. E.	C. R.	P	Label
L1 ← 知识搜索获取能力	0. 665	1. 000				
L2 ← 知识搜索获取能力	0. 597	0. 795	0. 113	7. 029	***	par_1
L3 ← 知识搜索获取能力	0. 668	0. 754	0. 099	7. 646	***	par_2
L4 ← 知识搜索获取能力	0. 609	1. 040	0. 146	7. 145	***	par_3
L5 ← 知识转移能力	0. 750	1. 000				
L6 ← 知识转移能力	0. 508	0. 750	0. 112	6. 702	***	par_4
L7 ← 知识转移能力	0. 400	0. 860	0. 163	5. 286	***	par_5
L8 ← 知识转移能力	0. 414	0. 894	0. 163	5. 467	***	par_6
L9 ← 知识整合运用能力	0. 488	1. 000				
L10 ← 知识整合运用能力	0. 152	0. 832	0. 239	3. 481	***	par_7
L11 ← 知识整合运用能力	0. 402	0. 725	0. 177	4. 098	***	par_8

续表

参数 路径名称	标准化路径 系数	参数估计值	S. E.	C. R.	P	Label
L12 ←── 知识整合运用能力	0.769	1.410	0.284	4.962	***	par_9
$\chi^2 = 195.143$	CFI = 0.972 RMSEA = 0.082					
Df = 51	TLI = 0.956					

注: *** 表示显著性水平 p < 0.001.

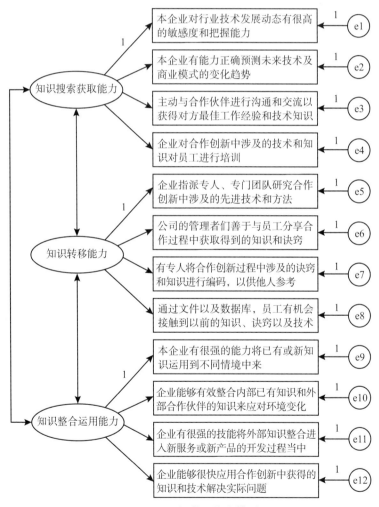

图 6.3 组织学习能力模型

（三）创新绩效的效度分析

如图6.4和表6.7所示，创新绩效测量模型的拟合结果表明该研究的模型拟合效果良好，图6.4所示的因子结构通过了本研究的实证数据的验证，说明创新绩效具有良好的效度。

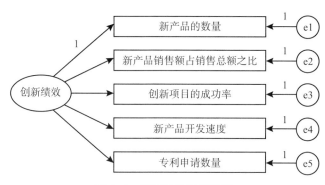

图 6.4　创新绩效测量模型

表 6.9　　　　　　　　　　创新绩效测量模型拟合结果（N = 213）

路径名称	参数 标准化路径系数	参数估计值	S. E.	C. R.	P	Label
p1 ←——P	0.784	1.000				
p2 ←——P	0.842	0.885	0.067	13.259	***	par_1
p3 ←——P	0.882	1.072	0.077	13.987	***	par_2
p4 ←——P	0.670	0.754	0.075	10.072	***	par_3
p5 ←——P	0.808	1.047	0.083	12.610	***	par_4
$\chi^2 = 11.464$	CFI = 0.990　　RMSEA = 0.078					
Df = 5	TLI = 0.979　　GFI = 0.990					

第二节　描述统计及相关分析

本研究变量的相关性检验结果如表6.10所示。从表6.10中可见，产业伙伴（相关系数为0.681，P < 0.01）、知识伙伴（相关系数为0.669，P < 0.01）与企业创新绩效之间具有正向并且显著的相关关系；知识搜索获取能

力（相关系数为 0. 691，P < 0. 01）知识转化能力（相关系数为 0. 721，P < 0. 01）、知识整合运用能力（相关系数为 0. 793，P < 0. 01）与企业创新绩效之间也具有正向并且显著的相关关系；另外，结果还表示企业与知识伙伴、产业伙伴的合作互动程度与企业的组织学习能力的不同维度之间也显著相关。这初步为研究的假设理论预期提供了证据。

表 6. 10　　　　　　　　　　　描述统计及相关系数矩阵

	1	2	3	4	5	6	7	8	9	10
1 年限	1									
2 规模	0.081	1								
3 研发投入	0.013	0.107 *	1							
4 营业额	0.045	0.246 ***	0.048	1						
5 产业伙伴	0.271 ***	0.153 **	0.371 ***	0.102 *	1					
6 知识伙伴	0.118 *	0.036	0.208 ***	0.072	0.441 ***	1				
7 知识获取	0.132 **	0.038	0.229 ***	0.007	0528 ***	0.678 ***	1			
8 知识转化	0.043	0.106 *	0.220 ***	0.089	0.557 ***	0.619 ***	0.764 ***	1		
9 知识运用	0.149 **	0.012	0.259 ***	0.043	0.559 ***	0.575 ***	0.671 ***	0.690 ***	1	
10 创新绩效	0.153 **	0.000	0.306 ***	0.004	0.681 ***	0.665 ***	0.691 ***	0.721 ***	0.793 ***	1

第三节　层次回归分析

一、回归三大问题检验

（一）多重共线性

在多重线性回归中，多个解释变量之间可能存在共同的变化趋势，即变量之间有线性相关。多重共线性可能导致以下后果：样本方差以及协方差偏大；置信区间变宽；一个或多个系数的 t 比率倾向于统计上不显著等。一般来说，多重共线性可以通过方差膨胀因子（variance-inflating factor，VIF）指数来判断。VIF 表明，估计量的方差由于多重共线性的出现而膨胀。随着变量之间的相关系数 r 趋于 1，VIF 趋于无穷大，即随着共线性程度的增加，估计量的方差也增加，并且在达到极限时，它可以变到无穷大。如果变量之间无共线性，那么 VIF 将是 1。本研究的 VIF 值均在 0～10，表明各个变量之间不存在共线性问题。

（二）异方差问题

本研究对回归模型的残差项散点图各散点之间没有呈现出规律性分布，而是表现出无序、均匀的分布。因此，可初步认为本研究的回归模型不存在异方差问题。

（三）序列相关问题

本研究中的层次回归模型的 DW 值为 1.553。因此，可以初步认为本研究的回归模型不存在序列相关问题。

二、回归分析结果

（一）知识伙伴、产业伙伴与创新绩效关系分析

本研究选用层次回归分析来验证开放式创新中的产业伙伴、知识伙伴和创新绩效之间的关系，包括两个假设：假设 1 提出企业与知识伙伴的合作互动对创新绩效有正效应；假设 2 提出企业与产业伙伴的合作互动与创新绩效有正向关系。进行层次回归分析时，首先在模型 1 中放入控制变量，包括企业年龄、研发投入、销售收入、企业规模。其次在模型 2、3 中分别放入企业与产业伙伴合作互动程度、企业与知识伙伴合作互动程度两个自变量。最后在模型 4 里同时放入企业与产业伙伴合作互动、企业与知识伙伴合作互动程度这两个自变量。从表 6.11 可以看出，表中的模型 1、模型 2、模型 3、模型 4 的 F 值显著（$P < 0.001$），模型的 R^2 和 ΔR^2 也表明模型的总体效果理想。模型 3 表明，企业与知识伙伴合作互动程度越高，对企业创新绩效影响越明显（$b = 0.504$，$P < 0.001$），由此假设 1 得到验证。类似的，产业伙伴对创新绩效也具有显著的正向影响效应（$b = 0.438$，$P < 0.001$），由此假设 2 得到验证。

表 6.11   层次回归分析结果

变量名称	被解释变量：创新绩效			
	模型 1	模型 2	模型 3	模型 4
控制变量				
企业年龄	0.161	−0.046（0.384）	0.084（0.099）	−0.04（0.375）
企业规模	0.045	0.133 ** （0.000）	0.062（0.234）	0.069（0.134）
研发投入	0.313	0.032（0.306）	0.181 ** （0.001）	0.021（0.647）
销售收入	0.008	−0.101（0.053）	0.051（0.325）	−0.033（0.467）
解释变量				
与产业伙伴合作互动程度		0.712 *** （0.000）		0.438 *** （0.000）
与知识伙伴合作互动程度			0.623 *** （0.000）	0.504 *** （0.000）
模型统计量				
R^2	0.120	0.480	0.482	0.624
F 值	7.109 **	39.261 ***	38.592 ***	59.5752 ***
ΔR^2	0.120	0.360	0.002	0.142
VIF 最大值	1.081	1.382	1.081	1.674
DW 值	1.350	1.533	1.678	1.868

（二）冗余资源的调节作用检验

冗余资源的信度分析按照前文讨论的一致性系数 Cronbach α 值以及题项—总体相关系数（CITC）来检验。数据处理结果如表所示。从表 6.12 中可见，未吸收冗余资源测量题项的一致性系数 Cronbach α 值为 0.793，大于 0.7，并且 CITC 最小值为 0.589，大于 0.35 的最低标准；已吸收冗余资源测量题项的一致性系数 Cronbach α 值为 0.782，大于 0.7，并且 CITC 最小值为 0.607，大于 0.35 的最低标准。整体上说明冗余资源的量表具有较高的信度。

本研究采用因子分析，对冗余资源的 6 个题项进行主成分分析，验证量表的构思效度，采用 KMO 样本充足测量值和 Bartlett 球体检验来检验是否适合做因子分析。KMO 和 Bartlett 检验结果如表 6.13 所示，KMO 为 0.816，适合做因子分析；Bartlett 球体检验的显著性概率为 0.000，表明数据具有相关性，适宜做因子分析。因子分析结果如表 6.14 所示。

表 6. 12   信度分析——冗余资源

题项	CITC	删除该题项后的 α 值	Cronbach α 值
公司的留存收益足够满足企业开发新市场的费用需要	0.740	0.629	0.793
公司有充足的自由资金储备用来进行外部投资	0.589	0.781	
公司很容易从银行或者其他金融机构获得贷款	0.621	0.727	
公司采用的生产技术以及工艺设备较为先进，但没有被充分利用	0.634	0.675	0.782
公司拥有的专门人才相对比较多，还有一定的发掘潜力	0.607	0.721	
公司目前的生产运营低于预定运营目标	0.621	0.714	

表 6. 13   **KMO 和 Bartlett 检验**——冗余资源

KMO 值		0.816
Bartlett 球体检验	卡方值	353.421 ***
	自由度	15
	显著性概率	0.000

注：显著性概率：$P^† < 0.10$；$P^* < 0.05$；$P^{**} < 0.05$；$P^{***} < 0.001$.

表 6. 14   因子分析结果——冗余资源

题项	因子负荷系数		AVE	
	未吸收冗余	已吸收冗余	已吸收冗余	未吸收冗余
公司的留存收益足够满足企业开发新市场的费用需要	0.878	0.154	0.6680	—
公司有充足的自由资金储备用来进行外部投资	0.786	0.157		
公司很容易从银行或者其他金融机构获得贷款	0.786	0.266		
公司采用的生产技术以及工艺设备较为先进，但没有被充分利用	0.176	0.831	—	0.660
公司拥有的专门人才相对比较多，还有一定的发掘潜力	0.214	0.794		
公司目前的生产运营低于预定运营目标	0.170	0.813		

注：主成分分析，Varimax 旋转；$N = 2$；2 个因子的总解释变差为 70.211%，抽取均方差（简称 AVE）等于相应维度因素负荷的平方和的平均值。

因子分析结果显示，有两个因子被识别出来，分别命名为未吸收冗余资源、已吸收冗余资源，各题项都较好地负载到其预期测量的因子之上，相应的因子负荷系数均大于0.5（最大值为0.878，最小值为0.786），两个因子的特征根累积解释了总体方差的70.211%，因子分析效果较为理想。因此，可以对已吸收冗余的3个题项进行简单平均，然后用该平均值作为已吸收冗余资源的样本值带入回归模型进行后续分析；对未吸收冗余的3个题项进行简单平均，然后用该平均值作为未吸收冗余资源的样本值带入回归模型进行后续分析[376]。

表6.15检验了未吸收冗余资源和已吸收冗余资源对知识伙伴、产业伙伴与创新绩效之间关系调节效应的层次回归分析结果，以检验假设H5a，H5b，以及假设6a，假设6b是否成立。表中的模型5、模型6、模型7的F值显著（$P < 0.001$），模型的R^2和ΔR^2也表明模型的总体效果理想。对于未吸收冗余资源的调节作用，假设5a提出，未吸收冗余资源正向调节知识伙伴与创新绩效之间的关系，表中的模型表示，未吸收冗余资源对知识伙伴与创新绩效之间的关系具有显著的正向调节作用（$b = 0.121$，$P < 0.001$）。假设5b提出，未吸收冗余资源正向调节产业伙伴与创新绩效之间的关系，表中的结果表示，未吸收冗余资源对产业伙伴与创新绩效之间的关系具有显著的正向调节作用（$b = 0.130$，$P < 0.001$），因此假设5b得到了验证。假设6a提出已吸收冗余资源对知识伙伴与创新绩效之间的正向调节关系，但是在模型7中没有显著的调节作用，因此假设6a没有得到验证。假设6b提出已吸收冗余资源对产业伙伴与创新绩效之间的关系具有正向的调节作用，表中模型7中显示，在0.05的显著性水平上，已吸收冗余资源对产业伙伴与创新绩效有正向的调节作用。

表6.15　　　　　　　　　冗余资源的调节作用：层次回归分析结果

变量名称	被解释变量：创新绩效		
	模型5	模型6	模型7
企业年龄	0.135（0.122）	0.019*（0.081）	0.023*（0.090）
企业规模	0.103*（0.013）	0.086*（0.091）	0.078*（0.079）
研发投入	0.136（0.102）	0.015（0.746）	0.009（0.689）
销售收入	0.038*（0.017）	0.035（0.431）	0.037（0.470）
未吸收冗余资源	0.375***（0.000）	0.088（0.109）	0.058（0.093）
已吸收冗余资源	0.396***（0.000）	0.144***（0.000）	0.117***（0.000）

续表

变量名称	被解释变量：创新绩效		
	模型 5	模型 6	模型 7
解释变量			
知识伙伴		0.432 *** （0.000）	0.311 *** （0.000）
产业伙伴		0.388 *** （0.000）	0.215 *** （0.000）
调节效应			
未吸收冗余 * 知识伙伴			0.121 *** （0.000）
未吸收冗余 * 产业伙伴			0.130 *** （0.000）
已吸收冗余 * 知识伙伴			0.089 （0.12）
已吸收冗余 * 产业伙伴			0.026 * （0.031）
模型统计量			
R^2	0.417	0.647	0.698
ΔR^2	0.417	0.230	0.051
F	24.516 ***	46.692 ***	49.598 ***
VIF 最大值	1.368	2.092	3.081

（三）企业与知识伙伴、产业伙伴合作互动程度对创新绩效的交互作用

为了进一步验证企业与知识伙伴、产业伙伴合作的交互作用，本研究运用均值分离技术，以企业与知识伙伴、产业伙伴的合作互动程度的有效测量题项的均值为界限将整个样本分为四组（如图 6.5 所示），其中 I 组是与知识伙伴、产业伙伴合作互动程度都较低（企业数量为 32 家），第 IV 组的企业与知识伙伴、产业伙伴的合作互动程度都较高（企业数量为 63 家），第 II 组企业与知识伙伴的合作互动程度高（企业数量为 51 家），而与产业伙伴合作互动程度低；第 III 组企业与产业伙伴合作互动程度高，与知识伙伴合作互动程度低（企业数量为 67 家）。下面分析四个子样本在新产品数量、推出新产品的速度、产品的独创性、新产品开发持续性和新产品销售额占销售总额的比重等 5 个创新绩效单项指标以及技术创新绩效综合指标上的差异，各样本的方差分析的结果分别如表 6.16 和表 6.17 所示。

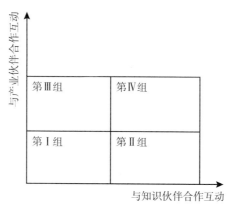

图 6.5　样本企业的分组

表 6.16　　　　　　　　　不同组别样本的方差分析表（N＝213）

变量	方差来源	平方和	自由度	均方和	F 值	显著性概率
新产品数量	组间差异	130.121	3	49.129	16.473	0.000
	组内差异	291.243	209	1.541		
	总和	421.364	212			
新产品销售收入占总销售收入的比重	组间差异	144.212	3	45.131	21.015	0.000
	组内差异	249.377	209	1.850		
	总和	393.589	212			
新产品开发速度	组间差异	139.353	3	50.158	0.178	0.000
	组内差异	275.224	209	1.985		
	总和	404.577	212			
创新项目成功率	组间差异	193.009	3	47.215	0.004	0.000
	组内差异	270.124	209	2.112		
	总和	463.133	212			
年均专利申请数量	组间差异	132.091	3	46.092	0.060	0.000
	组内差异	285.011	209	1.701		
	总和	417.102	212			
创新绩效综合得分	组间差异	121.914	3	55.127	0.595	0.000
	组内差异	343.421	209	2.552		
	总和	465.335	212			

表 6.17   不同组别企业的创新绩效的多重比较（LSD）

变量	比较的组别		均值差异	标准差	显著性概率
新产品数量	第Ⅳ组	第Ⅲ组	1.382***	0.235	0.000
		第Ⅱ组	0.240**	0.302	0.013
		第Ⅰ组	2.017***	0.216	0.000
	第Ⅲ组	第Ⅱ组	0.226	0.301	0.412
		第Ⅰ组	1.712***	0.230	0.000
	第Ⅱ组	第Ⅰ组	1.612***	0.241	0.000
新产品销售收入占总销售收入的比重	第Ⅳ组	第Ⅲ组	1.121**	0.275	0.013
		第Ⅱ组	1.007***	0.302	0.005
		第Ⅰ组	1.904***	0.243	0.000
	第Ⅲ组	第Ⅱ组	0.349	0.356	0.521
		第Ⅰ组	1.113	0.376	
	第Ⅱ组	第Ⅰ组	0.890**	0.348	0.000
新产品开发速度	第Ⅳ组	第Ⅲ组	0.456*	0.298	0.097
		第Ⅱ组	0.861**	0.278	0.013
		第Ⅰ组	1.787***	0.290	0.000
	第Ⅲ组	第Ⅱ组	0.329	0.321	0.412
		第Ⅰ组	1.293***	0.343	0.000
	第Ⅱ组	第Ⅰ组	0.997**	0.291	0.012
创新项目成功率	第Ⅳ组	第Ⅲ组	1.072***	0.304	0.000
		第Ⅱ组	0.915**	0.209	0.013
		第Ⅰ组	1.902***	0.209	0.000
创新项目成功率	第Ⅲ组	第Ⅱ组	0.491	0.341	0.412
		第Ⅰ组	1.114***	0.227	0.000
	第Ⅱ组	第Ⅰ组	0.899**	0.289	0.012
年均专利申请数量	第Ⅳ组	第Ⅲ组	1.039***	0.290	0.000
		第Ⅱ组	0.815**	0.340	0.013
		第Ⅰ组	1.812***	0.284	0.000
	第Ⅲ组	第Ⅱ组	0.948***	0.341	0.002
		第Ⅰ组	0.891**	0.237	0.018
	第Ⅱ组	第Ⅰ组	1.201***	0.209	0.000

变量	比较的组别		均值差异	标准差	显著性概率
创新绩效综合得分	第Ⅳ组	第Ⅲ组	1.162***	0.290	0.000
		第Ⅱ组	0.992**	0.289	0.019
		第Ⅰ组	1.732***	0.355	0.000
	第Ⅲ组	第Ⅱ组	0.226	0.328	0.173
		第Ⅰ组	0.782**	0.232	0.006
	第Ⅱ组	第Ⅰ组	0.984***	0.209	0.001

从表 6.16 不同合作策略样本组的方差分析结果可以发现至少有两组样本的创新绩效不同指标的均值有显著差异。进一步将不同组样本的创新绩效作两两对比分析（如表 6.17 所示），如果以创新绩效的综合得分来衡量，除了第Ⅱ组和第Ⅲ组的均值差异不显著外，其他子样本都达到了显著性水平（$P < 0.05$）。细化到每一个创新绩效单项指标，除了第Ⅱ组与第Ⅲ组之外，其他两两对比的组别在不同创新绩效指标上都表现出显著的差异。因此，综合样本分析结果，本研究认为，企业与知识伙伴、产业伙伴的合作互动程度越高，那么企业的创新绩效越好。同时与知识伙伴、产业伙伴合作互动程度高的企业的创新绩效要明显高于单独与产业伙伴或单独与知识伙伴合作互动的企业。方差分析的结果再次验证了假设 H1、H2 以及 H4。这个分析结果表明，企业在注重与产业伙伴的合作互动的同时，必须同时强调从企业外部知识伙伴获取得到知识，产业伙伴与知识伙伴对创新绩效有交互作用。

第四节　结构方程建模

一、初步数据分析

学者博德瑞（1989）认为研究者想要进一步执行模型叙列搜索时，此时的样本数最好在 200 以上。本研究的有效样本有 213 份，所以，研究的有效样本数量已经满足最低样本容量的要求。

二、初始模型构建

在此研究中，企业与产业伙伴、知识伙伴的合作互动程度两个变量属于观察变量，即显变量；知识搜索获取能力、知识转化能力、知识整合运用能力和创新绩效三个变量属于潜在变量，即潜变量。如图 6.6 所示，本研究的初始模型中共有 6 个潜变量和 36 个显变量，其中，企业与知识伙伴合作互动程度、企业与产业伙伴合作互动程度是 2 个外生潜变量，知识搜索获取能力、知识转化能力、知识整合运用能力和创新绩效是 4 个是内生潜变量。此外，模型中还存在着 e1～e36 共 36 个显变量的误差变量和 r1～r4 共 4 个内生潜变量的误差变量，路径系数默认值为 1。接下来，本研究将对知识伙伴对创新绩效产生影响的 18 条假设路径进行验证分析。

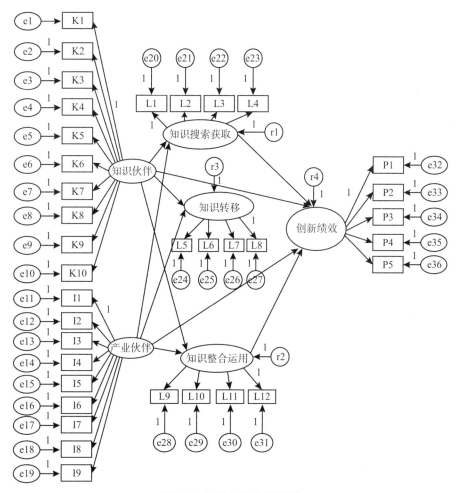

图 6.6　初始结构方程模型

三、初步模型拟合

用 AMOS 软件对本研究的初始结构方程模型进行分析运算，拟合结果如表 6.18 所示。同时初始结构模型的拟合结果表明，11 条假设路径中有 1 条路径的显著性水平 P 值大于 0.1，对应的 C. R. 指小于 1.96，未通过显著性检验，此外，有两条路径的显著性水平大于 0.05，这两条路径分别是"创新绩效←——知识搜索获取"（C. R. = 1.812 < 1.96；P = 0.07 > 0.05）"知识转移←——产业伙伴"（C. R. = 1.643 < 1.96；P = 0.127 > 0.1）。

表 6.18　　　　　　　　　　　初始结构模型拟合结果（N = 213）

路径名称　　　　　　参数	标准化路径系数	路径系数	S. E.	C. R.	P	Label
知识搜索获取←——产业伙伴	0.319	0.260	0.048	5.435	***	par_1
知识整合运用←——产业伙伴	0.348	0.317	0.055	5.754	***	par_2
知识转移←——产业伙伴	− 0.157	− 0.162	0.066	1.643	0.127	par_4
知识转移←——知识伙伴	0.651	0.571	0.054	10.491	***	par_3
知识整合运用←——知识伙伴	0.505	0.555	0.073	7.650	***	par_5
知识搜索获取←——知识伙伴	0.143	0.124	0.038	2.349	0.019	par_24
创新绩效←——搜索获取	0.097	0.205	0.113	1.812	0.070	par_6
创新绩效←——知识转化	0.189	0.183	0.053	2.349	***	par_7
创新绩效←——整合运用	0.452	0.353	0.048	7.410	***	par_20
创新绩效←——产业伙伴	0.330	0.235	0.050	4.717	***	par_27
创新绩效←——知识伙伴	0.389	0.334	0.094	3.540	***	par_30
$\chi^2 = 322.159$ df = 263 $\chi^2/df = 1.225$	CFI = 0.972　　　NFI = 0.910　　　TLI = 0.956 RMSEA = 0.082　GFI = 0.912					

四、模型修正与确定

从表 6.19 得出，增列路径系数中"e20 ←——e22"的 M. I. 值最大，为 35.294，表明在理论模型中如果将这两个变量释放，可以减少卡方值。

表 6.19 增列变量间的共变关系

路径 参数	M. I.	Par Change
r2 ←→ rl	14. 110	0. 333
r3 ←→ r2	20. 095	0. 583
e20 ←→ e22	35. 294	0. 453
e13 ←→ rl	9. 471	0. 232
e15 ←→ r4	6. 643	− 0. 127
e25 ←→ 知识伙伴	6. 028	− 0. 330
e25 ←→ 产业伙伴	10. 219	0. 508
e23 ←→ 知识伙伴	8. 742	0. 309
e23 ←→ 产业伙伴	7. 420	− 0. 336
e8 ←→ e7	4. 782	0. 215
e1 ←→ e21	6. 908	0. 190
e1 ←→ e14	8. 670	− 0. 158
e1 ←→ e12	6. 639	− 0. 234
e1 ←→ e11	11. 243	0. 243
e2 ←→ 知识伙伴	21. 184	− 0. 494
e2 ←→ 产业伙伴	5. 159	0. 258
e2 ←→ r3	4. 923	− 0. 158
e3 ←→ e11	6. 468	− 0. 205
e3 ←→ e1	5. 740	− 0. 135
e4 ←→ 知识伙伴 1	18. 358	0. 422

    第一次修正后的效果如表 6.20 所示，结构方程模型绝对拟合指数值 χ^2 值为 712.014（自由度 df = 263），实证研究结果得到的 χ^2/df 值为 2.707；实证研究结果得到的 RMSEA 的值为 0.061，小于 0.10；实证研究结果得到的相对拟合指数 CFI、TLI、NFI 的数值分别为 0.982、0.966、0.918，均大于 0.9，趋向于 1，路径"知识转移——产业伙伴"（│C. R.│ = 1.658 < 1.96；P = 0.167 > 0.05）在 P = 0.01 水平上仍为不显著，考虑到模型的准确性，删除这条路径，进行模型的第二次调整。

表 6.20 第一次修正模型的拟合结果（N = 213）

路径 参数	标准化路径系数	路径系数	S. E.	C. R.	P	Label
知识搜索获取←——产业伙伴	0. 342	0. 274	0. 048	5. 651	***	par_1
知识整合运用←——产业伙伴	0. 362	0. 329	0. 056	5. 857	***	par_2
知识转移←——产业伙伴	− 0. 107	− 0. 109	0. 066	− 1. 658	0. 167	par_4

续表

路径 \ 参数	标准化路径系数	路径系数	S. E.	C. R.	P	Label
知识搜索获取←──知识伙伴	0.610	0.528	0.055	9.551	***	par_3
知识整合运用←──知识伙伴	0.472	0.522	0.074	7.088	***	par_5
知识转移←──知识伙伴	0.405	0.289	0.039	7.366	***	par_24
创新绩效←──知识获取	0.225	0.226	0.038	5.762	***	par_6
创新绩效←──知识转化	0.214	0.191	0.074	2.574	0.010	par_7
创新绩效←──知识运用	0.440	0.345	0.050	6.853	***	par_20
创新绩效←──产业伙伴	0.318	0.227	0.045	5.041	***	par_27
创新绩效←──知识伙伴	0.357	0.309	0.075	4.144	***	par_30
$\chi^2 = 712.014$ $df = 262$ $\chi^2/df = 2.707$	CFI = 0.982 RMSEA = 0.061		GFI = 0.923 TLI = 0.966		NFI = 0.918	

第二次模型调整后的结果如表 6.21 所示，表 6.21 的拟合结果表示，模型的拟合指标和路径显著性都已经达到要求。通过调整修正所产生的知识伙伴对创新绩效影响机制的最终结构模型如图 6.7 所示。变量之间有 9 条路径是显著的，分别是："知识搜索获取能力←──知识伙伴""知识转移能力←──知识伙伴""知识整合运用能力←──知识伙伴""创新绩效←──产业伙伴""创新绩效←──知识伙伴""知识搜索获取能力←──产业伙伴""知识整合运用能力←──产业伙伴""创新绩效←──知识整合运用能力""创新绩效←──知识转移能力""创新绩效←──知识整合运用能力"。

表 6.21　　　　　　　　　第二次模型修改模型的拟合结果

路径 \ 参数	路径系数	标准化路径系数	S. E.	C. R.	p
知识搜索获取←──知识伙伴	0.581	0.503	0.055	9.083	***
知识整合运用←──知识伙伴	0.449	0.495	0.075	6.604	***
知识转移←──知识伙伴	0.503	0.488	0.066	7.403	***
知识搜索获取←──产业伙伴	0.425	0.298	0.040	7.520	***
知识整合运用←──产业伙伴	0.373	0.333	0.057	5.834	***

续表

参数 路径	路径系数	标准化路径系数	S. E.	C. R.	p
创新绩效 ← 知识搜索获取	0.498	0.390	0.048	8.156	***
创新绩效 ← 知识转化	0.114	0.191	0.074	3.275	0.010
创新绩效 ← 知识整合运用	0.240	0.345	0.050	7.813	***
创新绩效 ← 产业伙伴	0.285	0.200	0.034	5.831	***
创新绩效 ← 知识伙伴	0.291	0.251	0.046	5.405	***
$\chi^2 = 312.22$ $df = 260$ $\chi^2/df = 1.2$	RMSEA = 0.061 CFI = 0.981 IFI = 0.985 NFI = 0.975 TLI = 0.976				

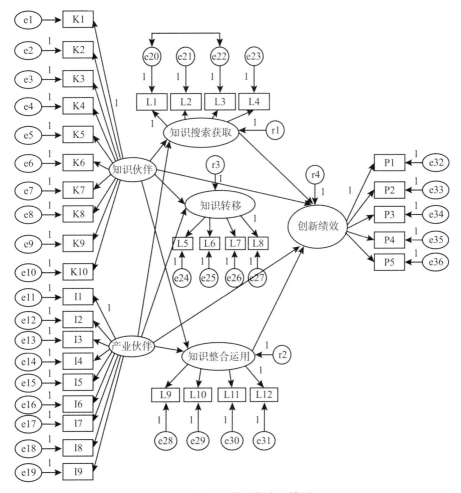

图 6.7   修正后的结构方程模型

第五节　模型结果的讨论

一、知识伙伴对企业创新绩效的影响

　　从本研究的结构方程建模结果来看，企业与外部知识伙伴的合作互动会对创新绩效产生积极的正向影响，标准路径系数为 0.251（P < 0.001），与博德瑞、汉娜（2003）、汉娜、森特彼尔（2006）、科亨（2002）的得出的研究结论是一致的。知识伙伴不仅能为企业提供前沿的科学、技术知识，进而直接促进企业颠覆式的产品创新过程，而且企业在与知识伙伴合作互动过程中，通过人员交流、共建实体等合作方式、企业还能够有效地获取并运用知识伙伴的隐性知识，从而进一步提升自身的创新能力。因此，相对产业伙伴而言（标准路径系数为 0.200），知识伙伴对创新绩效的影响要更大。

　　作为知识高度密集型的组织，知识伙伴对高校不仅有显著的正向影响，而且还能通过作用于组织学习能力来提升创新绩效。在最终的结构方程建模过程中，"知识伙伴—知识搜索获取"的标准化系数为 0.503（P < 0.001），"知识伙伴—知识转化"的标准化路径系数为 0.488（P < 0.001），"知识伙伴—知识整合运用"的标准化路径系数为 0.495（P < 0.001），均要大于产业伙伴对于知识搜索获取（标准化系数为 0.298）、知识转移（不显著）、知识整合运用（标准化系数为 0.333）的影响。具体而言，企业与知识伙伴的合作能够促进企业的知识搜索获取能力、知识转移能力以及知识整合运用能力。其中，企业与知识伙伴的深度合作有利于显性知识以及隐性知识的获取、显性知识包括学术论文、专利技术、商标等，而隐性知识则涉及产品、工艺创新中通过经验、示范效应才能获得的知识[377,378]。其次，企业通常通过技术许可、技术交易、联合研发以及委托开发、共建实体，等方式与知识伙伴进行技术的转移，与知识伙伴的合作互动有助于提升企业自身的关键技术能力以及整体知识存量，进而提高知识转移的能力[27,167]。再者，针对应用价值高的科研项目以及技术，企业能够通过与知识伙伴的长期合作来降低交易成本、获取得到互补性的研发资源，进而加速产品开发以及工艺创新的进程[379,174]。

二、产业伙伴对企业创新绩效的影响

企业与产业伙伴建立的基于信任、互惠以及非层级结构的合作关系，有助于提升企业以及地区的竞争力[380]。本研究的路径分析证明了企业与外部产业伙伴的合作互动对企业创新绩效有积极的影响，企业通过与客户、供应商的垂直合作有利于企业资源、组织的协同，从而促进企业的产品创新以及过程，这与聂透（2007）、法瑞尔、哈瑞森（Harrison，2006）、埃里克·冯·西普尔（1988）的研究结果是吻合的。本研究的结构方程建模也证明了产业伙伴对创新绩效的促进作用（总作用效应为0.200），通过更进一步分析，产业伙伴通过正向作用于企业的知识搜索获取能力、知识整合运用能力，进而正向影响企业创新绩效。

首先，与产业伙伴合作能够促进企业的组织学习能力，在本研究修正之后的结构方程模型中，其中"产业伙伴—知识搜索获取能力"的标准化路径系数为0.298（P<0.001），"产业伙伴—知识整合运用能力"的标准化路径系数为0.333（P<0.001），这说明企业与产业伙伴的合作对知识搜索获取能力以及知识整合运用能力都有显著的影响。与产业伙伴中的客户合作有利于促进市场信息的获取以及运用、而与供应商合作则能够促进相关技术诀窍知识的整合应用于产品创新过程中来。与竞争对手的合作则有利于共性知识的获取，并进一步推动技术标准的制定，进而进一步促进知识搜索获取能力以及知识整合运用能力。因此，研究结论在新的情景条件下进一步深化了乔治（George，2002）、特德（Tether，2002）、昆他塔纳（Quintana，2004）的研究。

其次，企业的组织学习能力有利于企业创新绩效的提升。在本研究最终确认的结构方程模型中，"知识搜索获取—创新绩效"的标准化路径系数为0.390（P<0.001），"知识转移—创新绩效"的标准化路径系数为0.345（P<0.001），而"知识转移—创新绩效"的标准化路径系数为0.191（P<0.05），这说明组织学习能力的不同维度对企业创新绩效均有显著的促进作用。外部知识的搜索获取有利于企业扩大自身的知识存量，促进企业内部新产品的开发，这与弗斯弗瑞（Fosfuri，2008）、马奇（1991）、诺纳卡（2006）的所得出的研究结论一致。知识转移能力能够促进企业内部与外部互补性知识的结合，提高企业进行合作创新的能力，进一步深化了科亨科亨（1990）、缇赛（2001）、尹立·任科（2001）、杰森（2005）的研究结论。

知识整合运用能力决定了是否能够有效整合内外部知识并运用于产品、服务以及过程创新当中，因此对创新绩效也有着积极的显著影响。这与罗伯特?格兰特（1996）、诺纳卡（2006）、郭爱芳（2010）等的研究结论一致。弗斯弗瑞（2008）认为企业的创新离不开知识的获取、转移以及有效整合运用，鉴于我国企业大多处于技术追赶阶段，自主创新能力还亟待增强，因此，知识搜索获取、知识转移以及知识整合运用能力对创新绩效的影响更为重要。

总而言之，产业伙伴对企业创新绩效有重要影响。企业与产业伙伴合作互动一方能直接促进企业创新，同时还通过正向作用于知识搜索获取能力以及知识整合运用能力，进而提高创新绩效。企业应当扩大与产业伙伴合作互动的广度以及深度，从而提升企业的组织学习能力，进而提升企业自身的整体创新能力。

三、企业冗余资源的调节作用分析

本研究的实证研究支持企业冗余资源对于产业伙伴与创新绩效之间关系的调节作用，在已吸收冗余资源充足的情况下，企业与产业伙伴的合作互动对创新绩效的影响更显著。此外，随着未吸收冗余资源的增加，产业伙伴对于企业创新绩效的促进作用得到显著增强。企业与产业伙伴的合作互动通常涉及价值链的整合或者是行业标准的共同定制，埃里克?冯?西普尔（1988）认为企业与用户的合作互动有利于企业了解市场需求变化，进而调整自身的企业创新战略。企业的已吸收冗余资源则有利于企业合作过程中市场、研发、制造的协同效应的发生，进而提高产业伙伴对企业创新绩效的影响。企业的未吸收冗余资源能够促进企业对外部产业伙伴如客户、供应商、竞争对手的情况力量的分析，加速企业外部资源的获取以及开发[334]，帮助企业采取合适的合作策略进行产品创新，从而增强了产业伙伴对创新绩效的促进作用。

此外，本研究的回归分析结果也表明，未吸收冗余资源对于知识伙伴与创新绩效的关系起着正向调节的作用，企业未吸收的冗余资源越多，那么企业与知识伙伴的合作互动对创新绩效的影响就越大。企业与知识伙伴的合作互动有利于外部互补性科学技术知识的获得，进而促进创新。但企业创新的过程是将内外部产生的创意进行商业化而创造价值的过程，创新通常具有较大的不确定性，在企业内部未吸收冗余资源充分的情况下，企业能够较好地缓冲由于创新带来的风险。此外，在未吸收冗余资源充分的条件下，企业有更多的资源投入与外部知识伙伴的合作项目，因此，进一步促进了企业的产品创新。

与本研究理论假设相悖的是，已吸收冗余资源对知识伙伴以及创新绩效的关系并没有显著的正向调节作用。由于已吸收冗余资源是指已经被生产过程所吸收的资源，如熟练劳动力和低灵活性机器生产能力等，已吸收冗余资源具有较低的管理可判别性，很难识别。同时，它们又具有很大的"黏性"，不容易被重新配置。而企业与知识伙伴的合作通常涉及技术转移以及项目投资，或者是共建实体等活动。已吸收冗余资源由于其"黏性"以及不容易被重新配置性，因此难以正向调节影响企业知识伙伴与创新绩效之间的关系。

因此，企业在与外部知识伙伴以及产业伙伴进行合作过程中，需要认识到冗余资源的调节作用，根据企业内部冗余资源的情况，采取合适的合作创新战略。在未吸收冗余资源充分的条件下，企业与知识伙伴、产业伙伴的合作互动对企业创新绩效的积极影响更为显著，说明企业的未吸收冗余有利于企业缓冲创新风险，进而提高合作创新的成功概率。而企业的已吸收冗余资源尽管难以识别，但能够增强产业伙伴对创新绩效的正向影响，说明已吸收冗余资源有利于企业加速外部市场类知识以及制造类知识的有效整合以及商业化，提高企业新产品开发的效率。在竞争激烈的商业环境中，企业寻求与外部合作主体的合作共赢，但在合作过程中，企业需要对自身的资源情况进行分析，区分并识别不同类型的冗余资源、根据自身的资源拥有情况，采取合适的外部合作策略进而提高企业的整体竞争优势。

第六节　本 章 小 结

本章主要针对本研究的理论模型进行了实证分析。首先，针对本研究所涉及的研究变量进行了定义分类，结合 SPSS16.0 以及 AMOS17.0 对变量的信度、效度以及变量之间的相关关系进行了检验；之后，运用结构方程建模（SEM）方法对企业知识伙伴与企业创新绩效的关系进行了建模，通过初步数据分析、初始模型构建再到模型的拟合、修正与确定，对研究理论假设进行了更进一步的实证分析。研究结果显示，企业与知识伙伴的合作互动不仅会直接影响到企业创新绩效，而且还会通过影响组织学习能力的不同维度如知识搜索获取能力、知识转移能力、知识整合运用能力进而影响到企业的创新绩效。其次，企业与产业伙伴的合作互动也能正向影响企业的创新绩效，但相比产业伙伴而言，知识伙伴对企业的创新绩效以及组织学习能力的影响要更大。最后，未吸收冗余资源对知识伙伴与创新绩效之间的关系起着正向调节的作用。未吸收冗余资源越充足，企业与知识伙伴的合作企业创新绩效的正向影响越显著。除此之外，未吸收冗余资源以及已吸收冗余资源对产业伙伴与企业创新绩效之间的关系均起着正向调节的作用。本章通过实证数据分析对本研究所提出的研究假设进行了论证，除本研究所预期的理论假设 H5b和 H12、H15 未获得支持外，其余假设均获得了实证假设通过。如表 6.22所示。

表 6.22　　　　　　　　　知识伙伴、产业伙伴与创新绩效理论假设汇总

序号	假设内容	检验结果
H1	企业与知识伙伴的合作互动程度与创新绩效呈正相关关系	通过
H2	企业与产业伙伴的合作互动程度与创新绩效呈正相关关系	通过
H3	相比产业伙伴而言，企业与知识伙伴的合作更有助于企业创新绩效的提升	通过
H4	产业伙伴与知识伙伴对创新绩效有交互作用，同时与产业伙伴和知识伙伴进行合作比单独和产业伙伴或知识伙伴合作更有利于创新	通过
H5	冗余资源对知识伙伴与创新绩效的关系起着正向调节的作用	通过
H5a	未吸收冗余资源对知识伙伴与创新绩效的关系起着正向调节的作用	通过
H5b	已吸收冗余资源对知识伙伴与创新绩效的关系起着正向调节的作用	未通过
H5	冗余资源对产业伙伴与创新绩效的关系起着正向调节的作用	通过
H6a	未吸收冗余资源对产业伙伴与创新绩效的关系起着正向调节的作用	通过
H6b	已吸收冗余资源对产业伙伴与创新绩效的关系起着正向调节的作用	通过
H7	企业与知识伙伴的合作互动程度越高，企业知识搜索获取能力越强	通过
H8	企业与知识伙伴的合作互动程度越高，企业知识转移能力越强	通过
H9	企业与知识伙伴的合作互动程度越高，企业知识整合运用能力越强	通过
H10	企业与产业伙伴的合作互动程度越高，企业知识搜索获取能力越强	通过
H11	相比产业伙伴而言，企业与知识伙伴的合作更有利于企业的知识搜索获取能力的提升	通过
H12	企业与产业伙伴的合作互动程度越高，企业知识转移能力越强	未通过

序号	假设内容	检验结果
H13	相比产业伙伴而言,与知识伙伴的合作更有利于企业知识转移能力的提升	通过
H14	企业与产业伙伴的合作互动程度越高,企业知识整合运用能力越强	通过
H15	相比知识伙伴,企业与产业伙伴的合作更有利于促进知识整合运用能力	未通过
H16	企业的知识搜索获取能力对技术创新绩效有显著的正向影响	通过
H17	企业的知识转移能力对技术创新绩效有显著的正向影响	通过
H18	企业的知识整合应用能力对创新绩效有显著的正向影响	通过

| 第七章 |
研究结论与展望

第一节　主要研究结论

本研究主要聚焦在以下几个研究问题上：知识伙伴内涵是什么？与产业伙伴有何差别？相比产业伙伴而言，知识伙伴对企业的创新绩效有什么样的影响？企业内部的冗余资源情况如何影响企业合作创新绩效？通过本研究的分析以及论证，主要形成了以下主要研究结论。

（1）根据企业外部合作伙伴与企业的知识互补性以及在企业技术创新过程起到的作用的差别，我们总结提炼出知识伙伴的概念，并深入探讨了企业与知识伙伴的合作互动程度对企业创新的影响，通过案例分析以及实证研究表明了企业与知识伙伴、产业伙伴合作互动对创新绩效均有积极正向的影响。与此同时，相比产业伙伴而言，知识伙伴对企业创新绩效的影响更大。因此，企业应该重视知识伙伴，强化与知识伙伴的深度合作，建立跨产业边界的组织间知识网络以及合作研发实体，积极开展与知识伙伴的知识、技术交流与合作，促进企业获得前沿科学知识，促进制造型企业复杂类型新产品的开发以及全球新兴市场的开拓。

（2）本研究还假设并检验了冗余资源对知识伙伴、产业伙伴与创新绩效关系的调节效应。研究结果表明，已吸收性冗余资源正向调节知识伙伴与创新绩效的关系。未吸收性冗余资源不仅正向调节着知识伙伴与创新绩效之间的关系，而且在产业伙伴与创新绩效的关系中也起到了显著的正向调节作用。总体上，研究表明企业内部资源越充足，那么与外部知识伙伴的合作动机越强烈，为企业技术创新带来的正向作用也越显著。

（3）知识伙伴、产业伙伴对企业创新绩效具有交互作用。本研究通过回归方差分析研究指出企业同时与知识伙伴、产业伙伴合作互动程度高的企业的创新绩效要明显高于单独与产业伙伴或单独与知识伙伴合作的企业。研究结果表明企业在注重与产业伙伴的合作互动的同时，必须同时强调从企业外部知识伙伴获取得到知识，产业伙伴与知识伙伴对企业的创新绩效具有交互作用。

（4）本研究通过假设并检验了组织学习能力对知识伙伴、产业伙伴和创新绩效关系的中介作用。研究结果表明，相比与产业伙伴的合作而言，企业与知识伙伴的合作互动对组织学习能力的不同维度如知识搜索获取能力、知识转移能力、知识整合运用能力的正向影响要更大。知识搜索获取能力、知识转移能力、知识整合运用能力对知识伙伴和创新绩效有部分中介作用。企业从知识伙伴那里获取得到的知识需要经过吸收、转化和运用后才能形成创新成果，但是在合作过程中对组织学习能力的促进作用可以有效提升企业的创新绩效。此外，知识搜索获取能力和知识整合运用能力对产业伙伴和创新绩效关系有部分中介作用，表明产业伙伴对创新绩效的正向影响可以通过组织学习以及资源基础观两种途径产生。与产业伙伴的合作不但可以提升企业的知识搜索获取能力以及知识整合运用能力，而且能够帮助企业获取外界互补性资源。

第二节　理论贡献与实践启示

一、理论贡献

（一）对影响组织战略的外部知识源进行了有益探索

近十年来，企业开放式合作创新是成为一个热门的管理研究主体，无论是在学术界还是企业界，都开始逐步认可开放式创新战略对于企业创新发展的重要价值。但在具体的企业实践中企业并未将外部知识纳入企业战略管理的高度，并且有关开放式创新中外部知识伙伴的理论研究仍然没有得到重视，对知识伙伴基本概念的内涵和维度划分等方面还存在较大的模糊性，缺乏对企业外部知识伙伴对创新绩效的机理解释和理论聚焦。针对这些问题，本研究首先基于开放式创新理论基础的发展脉络对知识伙伴的概念内涵及维度划分等方面进行深入剖析和界定，认为开放式创新中的知识伙伴是组织内部重要战略资源的外部拓展。另一方面，研究还基于组织学习理论和交易成本理论进一步指出，企业与外部合作伙伴的合作互动程度对企业创新绩效的影响不仅仅局限于创新资源，还包括交易成本[381]和组织学习[382,383]等方面，这一结论的提出明确了本研究的研究意义，即知识伙伴对企业创新绩效的影响存在未知性。同时，本研究在学者德斯·范斯（2005）、弗斯（2010）的研究基础上，进一步探讨了相比企业与产业伙伴的合作互动而言，企业与知识伙伴的合作互动程度对于创新的影响，企业优化合作策略提供了有益的参考价值。

（二）拓展了波特的竞争优势战略理论

波特竞争优势理论认为，决定企业竞争优势的因素是企业所在的产业结构以及产业吸引力，而产业吸引力的决定要素主要是由客户、供应商、现有竞争对手以及潜在竞争对手组成的，企业能够通过低成本优势、差异化以及聚焦化等竞争战略来获得竞争优势。随着经济社会的发展，诸如移动计算、社会化媒体、物联网、大数据的分析优化/预测等现代重要技术的革新，引发并催生了第四次工业革命的到来，决定企业竞争优势地位的因素也在发生变化，创新成为了组织繁荣的利器。不像低成本竞争中的"双输"，创新是双赢的，通过价值链以及创新生态系统的构建来减弱了企业之间的竞争关系，允许生产商提高价格，并通过给客户提供更大的价值使他们满意。

波特竞争战略理论过分强调竞争，波特指出客户、供应商、潜在进入者以及替代品都是"竞争者"都会影响企业与企业之间的竞争程度。波特认为企业的战略行为能够影响企业在行业结构中的位置。但波特战略理论忽略了企业与外部主体的合作对企业的影响，尤其是与外部知识伙伴的合作对企业竞争优势的影响。结合定性研究与定量研究，本研究的实证结果表明企业的竞争优势不仅受到产业伙伴的影响，而且还受到企业外部知识伙伴的影响，企业与知识伙伴、产业伙伴合作互动的程度正向影响着企业的创新绩效。企业与外部知识伙伴的合作互动对企业的产品创新影响非常大，企业通过构建与知识伙伴的合作关系来进一步巩固、增强自身的竞争优势以及创新能力，并且随着合作互动的程度的增加，外部知识伙伴对企业整体创新绩效的影响越高。相比产业伙伴而言，知识伙伴对企业创新绩效、组织学习能力的积极影响要更大。已有研究理论（资源基础观、能力基础观等）强调企业的竞争优势来源于组织内部，本研究通过研究知识伙伴对组织学习能力以及创新绩效的影响，进一步论证了企业竞争优势的重要外部来源。研究结果表明企业之间的绩效差异不仅在于所拥有的有价值的、异质性、不可替代的资源以及良好的商业运作模式，而且还在于外部知识伙伴合作互动的广度以及合作互动的深度。因此，知识经济时代，在市场中生存并繁荣的企业逐步演变成为合作型的组织共同体，而非封闭、层级结构的组织。

（三）深化了知识伙伴、产业伙伴促进企业创新的新观点

目前关于外部合作伙伴对企业绩效的影响总体上分为三部分，一些研究者关注于联盟管理能力创新绩效的影响[384]、合作经验对创新绩效的影响[385-388]、合作伙伴多样性对创新绩效的影响[389,390]，还有一些研究者研究了企业的开放度对创新绩效的影响[120,25]。本研究在已有文献的研究基础上，通过具体分析企业与知识伙伴的合作互动程度，具体关注于制造业企业的创新绩效，通过实证方法检验了相比产业伙伴而言，开放式创新中的知识伙伴对企业创新绩效的影响效应。研究结果表明，企业与产业伙伴、知识伙伴的合作互动都会促进企业的创新绩效，并且从研究中的回归分析的 R^2 系数来看具备很好的解释力。研究结果呼应了德斯·范斯（2005）关于外部不同该类型合作伙伴有利于企业创新的结论，并且部分呼应了聂透（2007）的研究，表明企业在开放式创新中的与知识伙伴的合作互动行为有利于企业的创新。

（四）基于组织学习理论为开放式创新提供新视角

本研究认为知识伙伴对创新绩效的影响不仅包括提供异质性的创新资源，而且包含间接的组织间学习，并且与外部产业伙伴、知识伙伴的互动合作有利于企业构建可持续的竞争优势。研究通过实证分析证实了组织学习能力作为中介变量的可能性与作用机制。因此，与包威尔（1998）的理论研究观点相一致，从组织间学习的理论视角研究组织间的资源、技术及管理等方面存在着异质性和互补性，不仅理论上可行，而且也得到了实证检验的支持，为开放式创新的决策和实践提供了一个新的视角。

二、实践启示

本研究结合中国企业在开放式创新管理实践中遇到的问题，运用定性研究以及定量研究方法，探析了开放式创新中企业与知识伙伴的合作互动程度

对企业创新绩效的影响机理。本研究的研究结果表明企业与外部产业伙伴、知识伙伴的合作互动程度越高，创新绩效越好。因此，对于中国企业在打破企业边界开展开放式创新具有一定的实践指导意义。

（一）重新认识知识伙伴并重视知识伙伴对企业战略的重要价值

在已有的静态战略价值观基础上，大多数中国制造业企业偏向于客户、供应商的价值链合作，往往过分注重短期利润指标以及销售额增长，而缺乏对企业整体创新能力的培养以及长远战略的规划。而在当下我国制造业的科技研发水平尚不足且市场竞争激烈、技术发展迅速的背景下，充分挖掘外部科学、技术等创新资源成了我国制造企业制定创新战略的必然选择。与知识伙伴的合作一方面能够帮助企业获得互补性的知识以及创新资源，另一方面能够提高企业基于组织间合作的组织学习能力，为企业的创新发展提供支持。因此，对于我国企业来说，应该在重视开放式创新战略的基础上，积极开展与知识伙伴之间的合作创新，推动与知识伙伴的组织间合作与协同。

（二）为企业优化资产配置充分利用冗余资源提供思路

本研究实证发现，在企业资源冗余程度高时，不同类型的合作伙伴将对企业创新绩效的增强和提升产生不同的影响。本研究建议，中国企业需要将开放式创新战略中的冗余资源用到与知识伙伴的深度合作方面，通过与高校、科研院所、创新中介机构、智库的密切联系，不断获取与行业相关的前沿知识和技术。同时，国内外客户、供应商、同行企业也是企业至关重要的外部知识源。企业需要在战略上高度重视与客户、供应商、竞争对手的沟通和交流，以便及时掌控市场需求动态、降低创新的成本。

（三）通过与知识伙伴的合作进一步提升企业组织学习能力

企业在于外部进行合作时，应该不只是关注于直接获得的知识、技术和市场等资源，更应该将注意力集中于企业组织学习能力的提高。本研究结果发现，相比产业伙伴而言，知识伙伴更能有效提高企业的组织学习能力。因此，企业应当在开放式创新的过程中，通过构建与不同类型的知识伙伴的合作关系，积极引进、消化、吸收知识伙伴的先进的科学技术以及知识，提高企业对外部知识的吸收、转移能力，确保企业能够在知识经济时代更加高效地将外部知识资产商业化。

第三节　研究局限及未来研究展望

本研究的不足之处，主要表现在以下几个方面：

（1）本研究探索了企业与知识伙伴的合作互动对创新绩效的影响，并同时比较了企业与产业伙伴的合作对创新绩效的影响，但并没有探讨着两类合作伙伴对于促进企业创新的协同机制以及合作模式的多样性对创新带来的影响，因此，未来研究可以探索企业与知识伙伴、产业伙伴对企业创新绩效的协同影响机制，以及企业与知识伙伴的合作模式的多样性对创新绩效的影响研究。

（2）数据样本局限性。本研究的样本大多来源于沿海经济发达省份，鉴于管理研究收到地域以及文化背景差异化的影响，因此，若后续研究条件许可，本研究的结论的论点有必要在不同的地域进行更进一步的验证。此外，本研究通过案例访谈过程发现高技术制造业企业更倾向于知识伙伴的选择。在大样本实证研究中，本研究主要是以制造业企业为样本收集数据，而忽略了制造业企业的高技术行业以及传统行业的行业差别，后续研究有必要针对高技术制造业企业、传统制造业行业企业的知识伙伴合作策略进行深入的比较研究。

（3）变量测量的局限性。对于自变量的度量方式我们采用的是管理层认知型的度量方式，未来研究可以聚焦在更为量化的度量方式，如合作交易次数、频率以及与外部知识伙伴的合作互动关系的质量等方面的度量。此外相比与声誉较低的知识伙伴合作效果而言，与声誉地位级别更高的知识伙伴合作有可能给企业带来更多的创新素材，因此，未来的研究可以聚焦在不同类型层次的知识伙伴与企业研发创新的关系研究。此外，本研究在测量变量冗余资源时候，只考虑到了吸收冗余资源以及未吸收冗余资源的主观测量，未逐一将各个企业的财务指标如流动比率、速动比率考虑在内，因此可能在研究冗余资源对知识伙伴和创新绩效的调节作用时，影响了研究结果的有效性和精准性，需要在今后的研究中进一步完善指标。

（4）研究的时间跨度局限性。在企业的开放式创新过程中，从与产业伙伴、知识伙伴合作互动到提高组织学习能力，再到促进企业的创新绩效，会有一个时间滞后的过程。解决这类问题的最好方法是收集样本的时间序列数据，而不是截面数据。但是，时间序列数据的收集会极大地增加问卷调研的工作量。考虑到研究的可行性，本研究采用了 5 年固定时滞来解决这一问题[391]，即要求问卷受访者根据企业近五年的实际情况进行评判。尽管如此，本研究的研究结论仍然是基于企业的截面数据，仅考虑了与知识伙伴的合作互动对创新绩效的短期影响，而忽略了对企业的组织学习能力以及创新绩效的长期动态影响。因此，由截面数据带来的时间滞后问题仍然没有得到充分解决，因此结论的有效性还需要进行更严格的检验。

总体上，尽管本研究将产业伙伴、知识伙伴纳入同一个研究框架进行分析研究，但未来的研究还可以从以下几方面进行拓展：

首先，本研究已经证实开放式创新中的知识伙伴、产业伙伴可以通过组织学习能力影响企业的创新能力，尽管与外部组织非正式化的合作能促进外部知识获取以及组织间的正式化合作，但随着高校对知识产权的高度重视，以及对有价值诀窍知识的泄露保护意识的增强，企业逐渐只能通过正式化的合作才能获取得到特定隐性知识[392]。因此，未来研究可以定位在如何寻找与企业相匹配的合适的外部知识伙伴、构建合适的合作管理模式来进一步降低企业的交易成本，将外部知识的价值最大化。

其次，本研究主要关注企业内部的资源的冗余程度的调节作用，而忽视了外部环境如制度政策及市场动荡性、技术动荡性对于企业的合作创新的影响。创新离不开企业文化和社会制度的影响。因此，未来研究可以进一步检验外部市场动荡性以及技术动荡性对于知识伙伴与企业创新绩效的调节作用机理。

最后，从长期来看，企业在研发创新管理的不同阶段向外部组织开放合作的对象有所差异。在波特战略理论中，只关注了客户的议价能力、供应商议价能力、进入者威胁以及替代品威胁对企业竞争的影响，而忽略了外部的产业伙伴、知识伙伴合作互动的影响对竞争优势的影响。开放式创新环境下，企业外部的知识伙伴的数量与质量、企业与知识伙伴的合作阶段以及合作模式都会进一步对企业的竞争优势产生影响。此外，结合企业自身的特征，未来研究还可以进关注企业外部合作情况对于企业内部管理实践的影响比如组织的分权化程度、知识激励、知识分享、组织结构二元性等方面，进一步探索知识伙伴对于企业管理实践以及整体绩效的影响。

附录一　访谈提纲

一、请您简要介绍贵企业的基本情况

1. 企业的销售额、员工数量、资产状况

2. 主营业务以及行业概况

3. 技术创新投入和产出情况

4. 企业在研发、生产、销售过程中与外部的合作情况

二、请您谈谈对贵企业与外部主体的合作内容有哪些（如联盟合作、项目开发、共建实体、股权投资）？

1. 何时/何种情况下/以何种方式进行合作？

2. 合作伙伴的类型主要有哪些？

3. 企业与不同主体合作的主要动机？

4. 双方的合作关系如何，后期管理运营是如何的？

三、请您谈谈贵企业在合作关系中有哪些收益？

1. 企业知识流入情况以及组织学习能力的变化

2. 双方在人员、技术、管理等方面的交流

3. 新产品开发的效益和效率方面

四、组织学习能力情况

1. 与同行相比，贵公司知识搜索获取的速度和质量如何？

2. 与同行相比，贵公司知识转移的速度、范围、成本如何？

3. 与同行相比，贵公司知识整合应用能力如何？请举例说明。

五、请您介绍一下贵公司冗余资源的情况

1. 公司的留存收益是否能够满足企业开发新市场的费用需要？

2. 公司是否有充足的资金储备进行外部投资？

3. 公司是否很容易从银行或者其他金融机构获得贷款？

4. 公司采用的生产技术以及工艺设备较为先进，但没有被充分利用？

5. 公司是否拥有大量具备发掘潜力的专门人才？

6. 公司目前的生产运营低于预定运营目标？

六、请您谈谈合作关系对贵企业技术能力和创新的影响

1. 企业技术水平

2. 企业的技术产出（新产品、专利成果等）

3. 企业产品附加值的变化情况

4. 企业生产流程以及工艺技术的改进情况

七、请您介绍一下贵公司主营业务所处行业的概况

1. 该行业领域的技术发展变化速度如何？是否遭遇了重要的技术变革？

2. 该行业领域的需求情况变动如何？

3. 贵公司所在行业竞争激烈程度？

附录二 知识伙伴对企业创新 绩效影响的调查问卷

尊敬的女士/先生：

您好！非常感谢您在百忙中填写这份问卷！本问卷将用于纯学术研究，答案没有对错之分，请您根据公司实际情况填写。真诚感谢您的支持！

浙江大学管理学院

第一部分：贵公司的基本信息（请将您选择的选项加粗或标红）

1. 企业名称（可不填）：

2. 员工数量： 人研发人员数量： 人

3. 公司主导业务所在行业领域：

□电子及通信设备□生物医药□材料行业□电气机械□钢铁

□汽车及交通设备□冶金与能源□纺织服装□仪器仪表及办公用品

□石油化工□航空航天□食品饮料□软件□其他行业

4. 企业类型：a. 中国本土企业　b. 中外合资企业　c. 跨国企业在华分支机构

5. 企业成立年限：a. 0 ~ 2 年　b. 3 ~ 5 年　c. 6 ~ 10 年　d. 11 ~ 20 年 e. 21 ~ 30 年　f. 30 年以上

6. 企业所处阶段：a. 初创期　b. 快速发展期　c. 稳定发展期

7. 近三年企业的年均销售收入为（单位：元）：

□500 万以下　　　□500 万 ~ 1 000 万　　□1 000 万 ~ 5 000 万

□5 000 万 ~ 1 亿　□1 亿 ~ 5 亿　　　　□5 亿 ~ 20 亿

□20 亿以上

8. 近两年企业的研发投入占销售收入的比重为：

□1% 以下　□1% ~ 2%　□2% ~ 5%　□5% ~ 10%　□10% 以上

9. 公司在获取新技术时，主要通过：

□内部研发　□外部合作　□技术引进

第二部分：贵公司与外部组织的合作情况

概念定义：

智库：是指专门从事开发性研究的公共或私营的咨询研究院所。政府背景的公共智库有中国社科院、上海国际问题研究院等，而私营背景的智库如胡润研究院、麦肯锡全球研究院、安永会计师事务所、谷歌行动思想库等机构。

创新中介机构：主要为促进企业进行技术创新的中介机构，其中主要包括有大学科技园、科技孵化器、生产力促进中心、行业协会等组织或机构。

产业伙伴：与企业进行合作、并影响产业吸引力的企业外部行为主体，如客户、供应商、竞争对手等主体。

知识伙伴：与企业进行合作，并为企业提供知识密集型的技术、服务或解决方案的高校、研究院所、智库、创新中介机构等主体。

企业在创新活动中，可能会通过不同方式与其他组织（合作伙伴）进行创新合作。请您根据本企业的实际情况，在相应的数字上打"√"

与知识伙伴合作互动情况

以下是针对本企业在过去五年内与外部主体进行合作的情况，请根据本公司的实际情况选择，1 代表严重不同意，7 代表同意	不同意←→同意						
	1	2	3	4	5	6	7
本企业与高校、研究院所共建联合实验室							
本企业聘请高校、研究院所的专家参与企业内部研发							
本企业与高校、研究院所合作共同申报纵向课题承担科技项目							
本企业邀请高校、研究院所的专家来企业授课培训							
本企业为高校、研究院所的创新成果产业化提供风险资金							
本企业与高校、研究院所有专利方面的合作							
本企业与高校、研究院所通过股权合作的方式成立了子公司							
本企业在研发、制造、管理过程中运用外部智库提供的知识以及情报							
本企业在研发、制造、管理过程中运用外部创新中介机构提供的信息或服务							
本企业与创新中介机构、智库建立了高度互动合作关系							

与产业伙伴合作互动情况

以下是针对本公司在过去五年内与外部主体进行合作的情况，请根据本公司的实际情况选择，1 代表严重不同意，7 代表同意	不同意←→同意						
	1	2	3	4	5	6	7
本企业在整体战略上注重与客户的合作与交流互动							
本企业与客户在研发、制造、营销、管理过程中有互动合作							

续表

以下是针对本公司在过去五年内与外部主体进行合作的情况，请根据本公司的实际情况选择，1 代表严重不同意，7 代表同意	不同意←→同意						
	1	2	3	4	5	6	7
本企业在实际管理行为中注重与客户的沟通以及联系							
本企业在整体战略上注重与供应商的合作与交流互动							
本企业与供应商在研发、制造、生产过程中有合作行为							
本企业与供应商经常进行信息沟通和交流							
本企业在整体战略上注重与竞争对手的合作与交流互动							
本企业与竞争对手在研发、制造、营销、人力资源等方面有过合作行为							
本企业在实际管理行为中注重与竞争对手的互动合作							

第三部分：企业组织资源情况

企业资源冗余情况

以下是对企业的资源冗余情况的描述，请根据本公司的实际情况选择，1 代表严重不同意，7 代表同意。	不同意←→同意						
	1	2	3	4	5	6	7
本企业的留存收益足够满足企业开发新市场的费用需要							
本企业有充足的自由资金储备用来进行外部投资							
本企业很容易从银行或者其他金融机构获得贷款							
本企业采用的生产技术以及工艺设备较为先进，但没有被充分利用							
本企业拥有的专门人才相对比较多，还有一定的发掘潜力							
本企业目前的生产运营低于预定运营目标							

第四部分：企业的组织学习能力

知识搜索获取能力

以下是对企业的知识搜索获取能力的描述请根据本公司的实际情况选择，1 代表严重不同意，7 代表同意。	不同意←→同意						
	1	2	3	4	5	6	7
本公司对行业技术发展动态有很高的敏感度和把握能力							
本公司有能力正确预测未来技术及商业模式的变化趋势							
我们主动与合作伙伴进行沟通和交流以获得对方最佳工作经验和技术知识							
公司对合作创新中涉及的技术和知识对员工进行培训							

知识转化能力

以下是对企业的知识转化能力的描述请根据本公司的实际情况选择，1代表严重不同意，7代表同意。	不同意←→同意						
	1	2	3	4	5	6	7
公司指派专人、专门团队研究合作创新中涉及的先进技术和方法							
公司的管理者们善于与员工分享合作过程中获取得到的知识和诀窍							
公司有专人将员工在与其他组织合作创新过程中涉及的诀窍和知识进行编码，以供他人参考							
通过编码的文件以及数据库，员工有机会接触到企业以前积累到的知识、诀窍和经验							

知识整合运用能力

以下是对企业的知识整合运用能力的描述请根据本公司的实际情况选择，1代表严重不同意，7代表非常同意。	不同意←→同意						
	1	2	3	4	5	6	7
本公司有很强的能力将已有或新知识运用到不同情境中来							
公司能够有效整合内部已有知识和外部合作伙伴的知识来应对环境变化							
公司有很强的技能将外部知识整合进入新服务或新产品的开发过程当中							
公司能够很快应用合作创新中获得的知识和技术解决实际问题							

第五部分：企业创新绩效

以下是对企业的创新绩效的描述请根据本公司的实际情况选择，1代表严重不同意，7代表同意。	不同意←→同意						
	1	2	3	4	5	6	7
1. 与同行相比，近五年本企业每年的新产品数较多							
2. 与同行相比，近五年本企业新产品销售额占总销售额比例较高							
3. 与同行相比，近五年本企业的新产品开发速率较快							
4. 与同行相比，近五年本企业创新项目的成功率高							
5. 与同行相比，近五年本企业专利申请数量较多							

您辛苦了，请重新检查一下是否遗漏了对某些问项的回答。

感谢您对本研究的支持和参与！

参考文献

［1］ Nonaka, I., Von Krogh, G., Voelpel, S. Organizational knowledge creation theory: Evolutionary paths and future advances ［J］. Organization studies, 2006, 27 (8): 1179 – 1208.

［2］ Powell, W. W., Koput, K. W., Smith – Doerr, L., Owen – Smith, J. Network position and firm performance: Organizational returns to collaboration in the biotechnology industry ［J］. Research in the Sociology of Organizations, 1999, 16 (1): 129 – 159.

［3］ Von Hippel, E. The sources of innovation ［J］. University of Illinois at Urbana – Champaign's Academy for Entrepreneurial Leadership Historical Research Reference in Entrepreneurship, 1988.

［4］ 约瑟夫，熊彼特. 经济发展理论——对于利润，资本，信贷，利息和经济周期的考察 ［J］. 商务印书馆, 1990. E7.

［5］ 陈劲. 创新管理及未来展望 ［J］. 技术经济, 2013, 32 (6): 1 – 9.

［6］ Kim, H., Lee, J. – N., Han, J. The role of IT in business ecosystems ［J］. Communications of the ACM, 2010, 53 (5): 151 – 156.

［7］ Nelson, R. R., Winter, S. G. An evolutionary theory of economic change ［M］: Belknap press, 1982.

［8］ Cohen, W. M., Levinthal, D. A. Absorptive capacity: A new perspective on learning and innovation ［J］. Administrative science quarterly, 1990: 128 – 152.

［9］ Rosenkopf, L., Almeida, P. Overcoming local search through alliances and mobility ［J］. Management science, 2003, 49 (6): 751 – 766.

［10］ Fleming, L., Sorenson, O. Technology as a complex adaptive system:

evidence from patent data ［J］. Research Policy, 2001, 30 （7）: 1019 – 1039.

［11］ Rosenkopf, L., Nerkar, A. Beyond local search: boundary-spanning, exploration, and impact in the optical disk industry ［J］. Strategic Management Journal, 2001, 22 （4）: 287 – 306.

［12］ Argote, L., Ingram, P. Knowledge transfer: A basis for competitive advantage in firms ［J］. Organizational behavior and human decision processes, 2000, 82 （1）: 150 – 169.

［13］ Rulke, D. L., Zaheer, S., Anderson, M. H. Sources of managers' knowledge of organizational capabilities ［J］. Organizational behavior and human decision processes, 2000, 82 （1）: 134 – 149.

［14］ Becker, W., Dietz, J. R&D cooperation and innovation activities of firms—evidence for the German manufacturing industry ［J］. Research Policy, 2004, 33 （2）: 209 – 223.

［15］ Nijssen, E. J., Van Reekum, R., Hulshoff, H. E. Gathering and using information for the selection of technology partners ［J］. Technological Forecasting and Social Change, 2001, 67 （2）: 221 – 237.

［16］ Ahuja, G. The duality of collaboration: Inducements and opportunities in the formation of interfirm linkages ［J］. Strategic Management Journal, 2000, 21 （3）: 317 – 343.

［17］ Cassiman, B., Veugelers, R. R&D cooperation and spillovers: some empirical evidence from Belgium ［J］. The American Economic Review, 2002, 92 （4）: 1169 – 1184.

［18］ Dachs, B., Ebersberger, B., Pyka, A. Why do firms cooperate for innovation? A comparison of Austrian and Finnish CIS3 results ［J］. International Journal of Foresight and Innovation Policy, 2008, 4 （3）: 200 – 229.

［19］ Caloghirou, Y., Kastelli, I., Tsakanikas, A. Internal capabilities and external knowledge sources: complements or substitutes for innovative performance? ［J］. Technovation, 2004, 24 （1）: 29 – 39.

［20］ Mowery, D. C., Oxley, J. E., Silverman, B. S. Strategic alliances and interfirm knowledge transfer ［J］. Strategic Management Journal, 1996, 17: 77 – 91.

［21］ Gomes – Casseres, B., Hagedoorn, J., Jaffe, A. B. Do alliances promote knowledge flows? ［J］. Journal of Financial Economics, 2006, 80 （1）: 5 – 33.

[22] Pitelis, C. N. A behavioral resource-based view of the firm: the synergy of Cyert and March (1963) and Penrose (1959) [J]. Organization science, 2007, 18 (3): 478 – 490.

[23] Bönte, W., Keilbach, M. Concubinage or marriage? Informal and formal cooperations for innovation [J]. International Journal of Industrial Organization, 2005, 23 (3): 279 – 302.

[24] Chesbrough, H. Managing open innovation [J]. Research – Technology Management, 2004, 47 (1): 23 – 26.

[25] Laursen, K., Salter, A. Open for innovation: the role of openness in explaining innovation performance among UK manufacturing firms [J]. Strategic management journal, 2006, 27 (2): 131 – 150.

[26] Adams, J. D., Marcu, M. 2004. R&D sourcing, joint ventures and innovation: a multiple indicators approach [R]. National Bureau of Economic Research.

[27] Cassiman, B., Golovko, E., Martínez – Ros, E. Innovation, exports and productivity [J]. International Journal of Industrial Organization, 2010, 28 (4): 372 – 376.

[28] Hagedoorn, J., Link, A. N., Vonortas, N. S. Research partnerships [J]. Research Policy, 2000, 29 (4): 567 – 586.

[29] Negassi, S. R&D co-operation and innovation a microeconometric study on French firms [J]. Research Policy, 2004, 33 (3): 365 – 384.

[30] Abramovsky, L., Griffith, R., Macartney, G., Miller, H. The location of innovative activity in Europe [J]. 2008.

[31] Das, T. K., Teng, B. – S. A resource-based theory of strategic alliances [J]. Journal of Management, 2000, 26 (1): 31 – 61.

[32] Tsang, E. W. Motives for strategic alliance: a resource-based perspective [J]. Scandinavian Journal of Management, 1998, 14 (3): 207 – 221.

[33] Baum, J. A., Calabrese, T., Silverman, B. S. Don't go it alone: Alliance network composition and startups' performance in Canadian biotechnology [J]. Strategic Management Journal, 2000, 21 (3): 267 – 294.

[34] Grant, R. M., Baden – Fuller, C. A knowledge accessing theory of strategic alliances [J]. Journal of Management Studies, 2004, 41 (1): 61 – 84.

[35] George, G., Zahra, S. A., Wood, D. R. The effects of business-uni-

versity alliances on innovative output and financial performance: a study of publicly traded biotechnology companies [J]. Journal of Business Venturing, 2002, 17 (6): 577 –609.

[36] Chesbrough, H. Open service innovation [J]. rethinking your business to grow and compete IN A, 2011.

[37] Zahra, S. A. , Nambisan, S. Entrepreneurship and strategic thinking in business ecosystems [J]. Business Horizons, 2011, 55 (3): 219 –229.

[38] Owen – Smith, J. , Powell, W. W. Knowledge networks as channels and conduits: The effects of spillovers in the Boston biotechnology community [J]. Organization science, 2004, 15 (1): 5 –21.

[39] Stuart, T. E. Interorganizational alliances and the performance of firms: A study of growth and innovation rates in a high-technology industry [J]. strategic Management Journal, 2000, 21 (8): 791 –811.

[40] Beers, C. , Zand, F. R&D Cooperation, Partner Diversity, and Innovation Performance: An Empirical Analysis [J]. Journal of product innovation management, 2014, 31 (2): 292 –312.

[41] Patel, P. C. , Van der Have, R. P. Enhancing Innovation Performance Through Exploiting Complementarity in Search Breadth and Depth [J]. Frontiers of Entrepreneurship Research, 2010, 30 (9): 1.

[42] Rothaermel, F. T. , Alexandre, M. T. Ambidexterity in technology sourcing: The moderating role of absorptive capacity [J]. Organization science, 2009, 20 (4): 759 –780.

[43] Wadhwa, A. , Kotha, S. knowledge creation through external venturing: evidence from the telecommunications equipment manufacturing industry [J]. Academy of Management Journal, 2006, 49 (4): 819 –835.

[44] Coombs, R. Core competencies and the strategic management of R&D [J]. R&D Management, 1996, 26 (4): 345 –355.

[45] Freel, M. S. Sectoral patterns of small firm innovation, networking and proximity [J]. Research Policy, 2003, 32 (5): 751 –770.

[46] Oerlemans, L. A. , Meeus, M. T. , Boekema, F. W. Do networks matter for innovation? The usefulness of the economic network approach in analysing innovation [J]. Tijdschrift voor economische en sociale geografie, 1998, 89 (3): 298 –309.

［47］ Hoang, H., Rothaermel, F. T. Leveraging internal and external experience: exploration, exploitation, and R&D project performance ［J］. Strategic Management Journal, 2010, 31 (7): 734 – 758.

［48］ Grant, R. M. The knowledge-based view of the firm: implications for management practice ［J］. Long Range Planning, 1997, 30 (3): 450 – 454.

［49］ Grant, R. M. Toward a knowledge-based theory of the firm ［J］. Strategic Management Journal, 1996, 17: 109 – 122.

［50］ Bodas Freitas, I. M., Marques, R. A. University-industry collaboration and innovation in emergent and mature industries in new industrialized countries ［J］. Research Policy, 2012.

［51］ 朱桂龙, 李奎艳. 大学—企业合作创新绩效影响因素分析 ［J］. 科技管理研究, 2008, 4: 90 – 91.

［52］ 孙笑明, 崔文田, 董劲威. 创新合作伙伴选择与创新绩效之间的关系 ［J］. 科学学与科学技术管理, 2011, 32 (11): 173 – 179.

［53］ Bullinger, H. – J., Auernhammer, K., Gomeringer, A. Managing innovation networks in the knowledge-driven economy ［J］. International Journal of Production Research, 2004, 42 (17): 3337 – 3353.

［54］ Cricelli, L., Grimaldi, M. Knowledge-based inter-organizational collaborations ［J］. Journal of Knowledge Management, 2010, 14 (3): 348 – 358.

［55］ Powell, W. W., Koput, K. W., Smith – Doerr, L. Interorganizational collaboration and the locus of innovation: Networks of learning in biotechnology ［J］. Administrative science quarterly, 1996, 116 – 145.

［56］ Steensma, H. K. Acquiring technological competencies through inter-organizational collaboration: an organizational learning perspective ［J］. Journal of engineering and technology management, 1996, 12 (4): 267 – 286.

［57］ Wu, F., Cavusgil, S. T. Organizational learning, commitment, and joint value creation in interfirm relationships ［J］. Journal of Business Research, 2006, 59 (1): 81 – 89.

［58］ Eisenhardt, K. M., Martin, J. A. Dynamic capabilities: what are they? ［J］. Strategic Management Journal, 2000, 21 (10 – 11): 1105 – 1121.

［59］ O'Reilly III, C. A., Tushman, M. L. Ambidexterity as a dynamic capability: Resolving the innovator's dilemma ［J］. Research in organizational behavior, 2008, 28: 185 – 206.

［60］Teece，D. J. Explicating dynamic capabilities：the nature and micro-foundations of（sustainable）enterprise performance［J］. Strategic Management Journal，2007，28（13）：1319 – 1350.

［61］Fitjar，R. D.，Rodríguez – Pose，A. Firm collaboration and modes of innovation in Norway［J］. Research Policy，2012.

［62］Howells，J. Intermediation and the role of intermediaries in innovation［J］. Research Policy，2006，35（5）：715 – 728.

［63］Klerkx，L.，Leeuwis，C. Establishment and embedding of innovation brokers at different innovation system levels：Insights from the Dutch agricultural sector［J］. Technological Forecasting and Social Change，2009，76（6）：849 – 860.

［64］DiBella，A. J.，Nevis，E. C.，Gould，J. M. Understanding organizational learning capability［J］. Journal of Management Studies，1996，33（3）：361 – 379.

［65］Huber，G. P. Organizational learning：The contributing processes and the literatures［J］. Organization science，1991，2（1）：88 – 115.

［66］熊彼特.2007. 增长财富论——创新发展理论［J］. 西安：陕西师范大学出版社.

［67］Iansiti，M.，Levien，R. The keystone advantage：what the new dynamics of business ecosystems mean for strategy，innovation，and sustainability［M］. Harvard Business Press，2004.

［68］Freeman，C.，Soete，L. L. The economics of industrial innovation［M］. Routledge，1997.

［69］Ernst，H. Patent applications and subsequent changes of performance：evidence from time-series cross-section analyses on the firm level［J］. Research Policy，2001，30（1）：143 – 157.

［70］陈劲，郑刚. 创新管理［M］：北京大学出版社，2009.

［71］陈劲，陈钰芬. 企业技术创新绩效评价指标体系研究［J］. 科学学与科学技术管理，2006，27（3）：86 – 91.

［72］Porter，M. E.，Millar，V. E. 1985. How information gives you competitive advantage［J］. Harvard Business Review，Reprint Service.

［73］Porter，M. E. Competitive advantage：Creating and sustaining superior performance［M］. Simon and Schuster，2008.

［74］波特．竞争论［M］．中信出版社，2008.

［75］Christensen，C. M.，Suárez，F. F.，Utterback，J. M. Strategies for survival in fast-changing industries［J］. Management science，1998，44（12 – Part – 2）：S207 – S220.

［76］Porter，M. E.，Van der Linde，C. Toward a new conception of the environment-competitiveness relationship［J］. The Journal of Economic Perspectives，1995，9（4）：97 – 118.

［77］陈劲，郑刚．创新管理：赢得持续竞争优势［M］．北京大学出版社，2013.

［78］Smith，K. What is the'Knowledge Economy'? Knowledge intensity and distributed knowledge bases［D］. United Nations Univeristy，Institute for New Technologies，2002.

［79］Chesbrough，H.，Vanhaverbeke，W.，West，J. Open innovation：Researching a new paradigm［M］. Oxford university press，2006.

［80］陈钰芬．开放式创新的机理与动态模式研究［D］．博士学位论文［D］. 2007.

［81］Lichtenthaler，U. Open innovation：Past research，current debates，and future directions［J］. The Academy of Management Perspectives，2011，25（1）：75 – 93.

［82］Fosfuri，A. The licensing dilemma：understanding the determinants of the rate of technology licensing［J］. Strategic Management Journal，2006，27（12）：1141 – 1158.

［83］Bogers，M.，Afuah，A.，Bastian，B. Users as innovators：a review，critique，and future research directions［J］. Journal of Management，2010.

［84］West，J.，Lakhani，K. R. Getting clear about communities in open innovation［J］. Industry and Innovation，2008，15（2）：223 – 231.

［85］Alexy，O.，Henkel，J. Promoting the penguin：Intraorganizational implications of open innovation［J］. Social Science Research Network，2009.

［86］Arora，A.，Gambardella，A. Ideas for rent：an overview of markets for technology［J］. Industrial and Corporate Change，2010，19（3）：775 – 803.

［87］Barney，J.，Wright，M.，Ketchen，D. J. The resource-based view of the firm：Ten years after 1991［J］. Journal of Management，2001，27（6）：625 – 641.

[88] Hamel, G. Competition for competence and interpartner learning within international strategic alliances [J]. Strategic Management Journal, 1991, 12 (S1): 83 – 103.

[89] Kogut, B., Zander, U. Knowledge of the firm, combinative capabilities, and the replication of technology [J]. Organization science, 1992, 3 (3): 383 – 397.

[90] Nonaka, I. A dynamic theory of organizational knowledge creation [J]. Organization science, 1994, 5 (1): 14 – 37.

[91] Doz, Y. L., Shuen, A. From intent to outcome: A process framework for partnerships [M]. INSEAD, 1988.

[92] Spender, J. – C. Data, meaning and practice: how the knowledge-based view can clarify technology's relationship with organisations [J]. International Journal of Technology Management, 2007, 38 (1): 178 – 196.

[93] Chung, S. A., Singh, H., Lee, K. Complementarity, status similarity and social capital as drivers of alliance formation [J]. Strategic Management Journal, 2000, 21 (1): 1 – 22.

[94] Teece, D. J. Profiting from technological innovation: Implications for integration, collaboration, licensing and public policy [J]. Research Policy, 1986, 15 (6): 285 – 305.

[95] Lavie, D. The competitive advantage of interconnected firms: An extension of the resource-based view [J]. Academy of management review, 2006, 31 (3): 638 – 658.

[96] Teece, D. J., Pisano, G., Shuen, A. Dynamic capabilities and strategic management [J]. Strategic Management Journal, 1997, 18 (7): 509 – 533.

[97] Peteraf, M. A. The cornerstones of competitive advantage: a resource-based view [J]. Strategic Management Journal, 1993, 14 (3): 179 – 191.

[98] Leonard – Barton, D. Wellsprings of Knowledge: Building & Sustainint the Sources of Innovation [M]. Harvard Business Press, 1995: 15 – 29.

[99] Trott, P. Innovation management and new product development [M]. Prentice Hall, 2008: 17 – 30.

[100] Lawson, B., Samson, D. Developing innovation capability in organisations: a dynamic capabilities approach [J]. International Journal of Innovation

Management, 2001, 5 (03): 377 – 400.

[101] Burns, T., Stalker, G. M. The management of innovation [J]. University of Illinois at Urbana – Champaign's Academy for Entrepreneurial Leadership Historical Research Reference in Entrepreneurship, 1961.

[102] Shan, W., Walker, G., Kogut, B. Interfirm cooperation and startup innovation in the biotechnology industry [J]. Strategic Management Journal, 1994, 15 (5): 387 – 394.

[103] Deeds, D. L., Hill, C. W. Strategic alliances and the rate of new product development: an empirical study of entrepreneurial biotechnology firms [J]. Journal of Business Venturing, 1996, 11 (1): 41 – 55.

[104] March, J. G. Exploration and exploitation in organizational learning [J]. Organization science, 1991, 2 (1): 71 – 87.

[105] Lane, P. J., Lubatkin, M. Relative absorptive capacity and interorganizational learning [J]. Strategic Management Journal, 1998, 19 (5): 461 – 477.

[106] Kumar, R., Nti, K. O. Differential learning and interaction in alliance dynamics: A process and outcome discrepancy model [J]. Organization science, 1998, 9 (3): 356 – 367.

[107] Hamel, G., Doz, Y. L., Prahalad, C. K. Collaborate with your competitors and win [J]. Harvard business review, 1989, 67 (1): 133 – 139.

[108] Kogut, B. Joint ventures and the option to expand and acquire [J]. Management science, 1991, 37 (1): 19 – 33.

[109] Shan, W., Hamilton, W. Country—Specific advantage and international cooperation [J]. Strategic Management Journal, 1991, 12 (6): 419 – 432.

[110] Quinn, J. B., Strategy, E. S. Strategic outsourcing: leveraging knowledge capabilities [J]. Image, 2013.

[111] Iansiti, M., Levien, R. Strategy as ecology [J]. Harvard business review, 2004, 82 (3): 68 – 81.

[112] 陈劲, 阳银娟. 外部知识获取与企业创新绩效关系研究综述 [J]. 科技进步与对策, 2014, 31 (1): 156 – 160.

[113] Rohrbeck, R., Hölzle, K., Gemünden, H. G. Opening up for competitive advantage – How Deutsche Telekom creates an open innovation ecosystem

［J］. R&D Management，2009，39（4）：420 – 430.

［114］Chesbrough，H. W.，Appleyard，M. M. Open innovation and strategy［J］. 2007.

［115］Enkel，E.，Gassmann，O. Creative imitation：exploring the case of cross-industry innovation［J］. R&D Management，2010，40（3）：256 – 270.

［116］Prahalad，C. K.，Ramaswamy，V. Co-creation experiences：The next practice in value creation［J］. Journal of interactive marketing，2004，18（3）：5 – 14.

［117］West，J.，Bogers，M. Leveraging external sources of innovation：a review of research on open innovation［J］. Journal of product innovation management，2013.

［118］Howe，J. Crowdsourcing：How the power of the crowd is driving the future of business［M］. Random House，2008.

［119］Fredberg，T.，Piller，F. T. The paradox of tie strength in customer relationships for innovation：a longitudinal case study in the sports industry［J］. R&D Management，2011，41（5）：470 – 484.

［120］Chen，Y.，Chen，J. The influence of openness to innovation performance［J］. Studies in Science of Science，2008，2：034.

［121］Huston，L.，Sakkab，N. Connect and develop［J］. Harvard business review，2006，84（3）：58 – 66.

［122］Chesbrough，H.，Prencipe，A. Networks of innovation and modularity：a dynamic perspective［J］. International Journal of Technology Management，2008，42（4）：414 – 425.

［123］Fang，E. Customer participation and the trade-off between new product innovativeness and speed to market［J］. Journal of marketing，2008，72（4）：90 – 104.

［124］Tomlinson，P. R. Co-operative ties and innovation：Some new evidence for UK manufacturing［J］. Research Policy，2010，39（6）：762 – 775.

［125］Lichtenthaler，U. Technology exploitation in the context of open innovation：finding the right 'job' for your technology［J］. Technovation，2010，30（7）：429 – 435.

［126］Torkkeli，M. T.，Kock，C. J.，Salmi，P. A. The "Open Innovation" paradigm：A contingency perspective［J］. Journal of Industrial Engineering and Management, 2009, 2 (1): 176 – 207.

[127] Osterwalder, A., Pigneur, Y. Business Model Generation: A Handbook For Visionaries, Game Changers, And Challengers Author: Alexander Osterwalder, Yves [J]. 2010.

[128] Enkel, E., Gassmann, O., Chesbrough, H. Open R&D and open innovation: exploring the phenomenon [J]. R&D Management, 2009, 39 (4): 311 – 316.

[129] Cassiman, B., Veugelers, R. In search of complementarity in innovation strategy: Internal R&D and external knowledge acquisition [J]. Management science, 2006, 52 (1): 68 – 82.

[130] Van de Vrande, V. Balancing your technology-sourcing portfolio: How sourcing mode diversity enhances innovative performance [J]. Strategic Management Journal, 2013, 34 (5): 610 – 621.

[131] van de Vrande, V., Vanhaverbeke, W., Duysters, G. External technology sourcing: The effect of uncertainty on governance mode choice [J]. Journal of Business Venturing, 2009, 24 (1): 62 – 80.

[132] Foss, N. J., Lyngsie, J., Zahra, S. A. The role of external knowledge sources and organizational design in the process of opportunity exploitation [J]. Strategic Management Journal, 2013, 34 (12): 1453 – 1471.

[133] Simard, C., West, J. Knowledge networks and the geographic locus of innovation [J]. Open innovation: researching a new paradigm, 2006, 220 – 240.

[134] Rigsbee, E. 2000. Partnershift: how to profit from partnering trend, 2000 [J]. John Wiley, New York.

[135] Doz, Y. L., Shuen, A. From intent to outcome: The evolution and governance of interfirm partnerships [M]. Insead, 1995.

[136] Traitler, H., Watzke, H. J., Saguy, I. S. Reinventing R&D in an open innovation ecosystem [J]. Journal of food science, 2011, 76 (2): R62 – R68.

[137] Gassmann, O. Opening up the innovation process: towards an agenda [J]. R&D Management, 2006, 36 (3): 223 – 228.

[138] Grimpe, C., Sofka, W. Search patterns and absorptive capacity: Low-and high-technology sectors in European countries [J]. Research Policy,

2009, 38 (3): 495 – 506.

[139] Li, Y., Vanhaverbeke, W. The effects of inter-industry and country difference in supplier relationships on pioneering innovations [J]. Technovation, 2009, 29 (12): 843 – 858.

[140] Schiele, H. Early supplier integration: the dual role of purchasing in new product development [J]. R&D Management, 2010, 40 (2): 138 – 153.

[141] Lim, W. S., Tan, S. J. Outsourcing suppliers as downstream competitors: Biting the hand that feeds [J]. European Journal of Operational Research, 2010, 203 (2): 360 – 369.

[142] Fabrizio, K. R. Absorptive capacity and the search for innovation [J]. Research Policy, 2009, 38 (2): 255 – 267.

[143] Nieto, M. J., Santamaría, L. The importance of diverse collaborative networks for the novelty of product innovation [J]. Technovation, 2007, 27 (6): 367 – 377.

[144] Tether, B. S., Tajar, A. Beyond industry-university links: Sourcing knowledge for innovation from consultants, private research organisations and the public science-base [J]. Research Policy, 2008, 37 (6): 1079 – 1095.

[145] Croisier, B. The governance of external research: empirical test of some transaction-cost related factors [J]. R&D Management, 1998, 28 (4): 289 – 298.

[146] Veugelers, R., Cassiman, B. Make and buy in innovation strategies: evidence from Belgian manufacturing firms [J]. Research Policy, 1999, 28 (1): 63 – 80.

[147] Shin, N. 1997. The impact of information technology on coordination costs: Implications for firm productivity. Paper presented at the proceedings of the international conference on information systems [C].

[148] Rothwell, R. Successful industrial innovation: critical factors for the 1990s [J]. R&D Management, 1992, 22 (3): 221 – 240.

[149] MacPherson, A. D. A Comparison of Within – Firm and External Sources of Product Innovation [J]. Growth and Change, 1997, 28 (3): 289 – 308.

[150] Freel, M. S. Evolution, innovation and learning: evidence from case studies [J]. Entrepreneurship & Regional Development, 1998, 10 (2): 137 –

149.

[151] Gardiner, P., Rothwell, R. Tough customers: good designs [J]. Design Studies, 1985, 6 (1): 7 –17.

[152] Dodgson, M. Technology learning, technology strategy and competitive pressures [J]. British Journal of Management, 1991, 2 (3): 133 –149.

[153] Rothwell, R., Dodgson, M. External linkages and innovation in small and medium-sized enterprises [J]. R&D Management, 1991, 21 (2): 125 –138.

[154] Karlsson, C., Olsson, O. Product innovation in small and large enterprises [J]. Small Business Economics, 1998, 10 (1): 31 –46.

[155] 任新建, 项保华. 链式战略联盟合作困境及突破探析 [J]. 科研管理, 2006, 26 (5): 68 –72.

[156] Dodgson, M., Rothwell, R. The handbook of industrial innovation [M]: Edward Elgar Aldershot, 1994.

[157] Gnyawali, D. R., Park, B. – J. R. Co-opetition between giants: Collaboration with competitors for technological innovation [J]. Research Policy, 2011, 40 (5): 650 –663.

[158] Luo, X., Rindfleisch, A., Tse, D. K. Working with rivals: The impact of competitor alliances on financial performance [J]. Journal of Marketing Research, 2007, 44 (1): 73 –83.

[159] Quintana – Garcia, C., Benavides – Velasco, C. A. Cooperation, competition, and innovative capability: a panel data of European dedicated biotechnology firms [J]. Technovation, 2004, 24 (12): 927 –938.

[160] Tether, B. S. Who co-operates for innovation, and why: an empirical analysis [J]. Research Policy, 2002, 31 (6): 947 –967.

[161] Gnyawali, D. R., Park, B. J. R. Co-opetition and Technological Innovation in Small and Medium – Sized Enterprises: A Multilevel Conceptual Model [J]. Journal of Small Business Management, 2009, 47 (3): 308 –330.

[162] Ahuja, G., Lampert, C. M., Tandon, V. 1 Moving Beyond Schumpeter: Management Research on the Determinants of Technological Innovation [J]. The Academy of Management Annals, 2008, 2 (1): 1 –98.

[163] Lei, D. Competition, cooperation and learning: the new dynamics of strategy and organisation design for the innovation net [J]. International Journal of Technology Management, 2003, 26 (7): 694 –716.

[164] Tidström, A. Perspectives on Coopetition on Actor and Operational Levels [J]. Management Research: The Journal of the Iberoamerican Academy of Management, 2008, 6 (3): 207 – 217.

[165] Chetty, S. K., Wilson, H. I. Collaborating with competitors to acquire resources [J]. International Business Review, 2003, 12 (1): 61 – 81.

[166] Fritsch, M., Schwirten, C. Enterprise-university co-operation and the role of public research institutions in regional innovation systems [J]. Industry and Innovation, 1999, 6 (1): 69 – 83.

[167] Hanel, P., St – Pierre, M. Industry – University Collaboration by Canadian Manufacturing Firms [J]. The Journal of Technology Transfer, 2006, 31 (4): 485 – 499.

[168] Laursen, K., Salter, A. Searching high and low: what types of firms use universities as a source of innovation? [J]. Research Policy, 2004, 33 (8): 1201 – 1215.

[169] Mansfield, E. Academic research and industrial innovation [J]. Research Policy, 1991, 20 (1): 1 – 12.

[170] Howells, J., Ramlogan, R., Cheng, S. – L. Innovation and university collaboration: paradox and complexity within the knowledge economy [J]. Cambridge journal of economics, 2012, 36 (3): 703 – 721.

[171] Cohen, W. M., Nelson, R. R., Walsh, J. P. Links and impacts: the influence of public research on industrial R&D [J]. Management science, 2002, 48 (1): 1 – 23.

[172] Mohnen, P., Hoareau, C. What type of enterprise forges close links with universities and government labs? Evidence from CIS 2 [J]. Managerial and Decision Economics, 2003, 24 (2 – 3): 133 – 145.

[173] Salter, A. J., Martin, B. R. The economic benefits of publicly funded basic research: a critical review [J]. Research Policy, 2001, 30 (3): 509 – 532.

[174] Perkmann, M., Walsh, K. The two faces of collaboration: impacts of university-industry relations on public research [J]. Industrial and Corporate Change, 2009. dtp015.

[175] Perkmann, M., West, J. Open Science and Open Innovation: Sourcing Knowledge from Universities [J]. 2012.

[176] Grindley, P., Mowery, D. C., Silverman, B. SEMATECH and col-laborative research: Lessons in the design of high-technology consortia [J]. Journal of policy analysis and management, 1994, 13 (4): 723 – 758.

[177] Fuchs, E. R. Rethinking the role of the state in technology develop-ment: DARPA and the case for embedded network governance [J]. Research Poli-cy, 2010, 39 (9): 1133 – 1147.

[178] Zaheer, A., McEvily, B. Bridging ties: A source of firm heteroge-neity in competitive capabilities [J]. Strategic Management Journal, 1999, 20 (12): 1133.

[179] Markham, S. K., Gentry, S. T., Hume, D., Ramachandran, R., Kingon, A. I. Strategies and tactics for external corporate venturing [J]. Research – Technology Management, 2005, 48 (2): 49 – 59.

[180] Siegel, D. S., Waldman, D., Link, A. Assessing the impact of or-ganizational practices on the relative productivity of university technology transfer of-fices: an exploratory study [J]. Research Policy, 2003, 32 (1): 27 – 48.

[181] Löfsten, H., Lindelöf, P. Science Parks and the growth of new tech-nology-based firms—academic-industry links, innovation and markets [J]. Research Policy, 2002, 31 (6): 859 – 876.

[182] Löfsten, H., Lindelöf, P. R&D networks and product innovation pat-terns—academic and non-academic new technology-based firms on Science Parks [J]. Technovation, 2005, 25 (9): 1025 – 1037.

[183] Phan, P. H., Siegel, D. S., Wright, M. Science parks and incuba-tors: observations, synthesis and future research [J]. Journal of Business Ventu-ring, 2005, 20 (2): 165 – 182.

[184] Bessant, J., Rush, H. Building bridges for innovation: the role of consultants in technology transfer [J]. Research Policy, 1995, 24 (1): 97 – 114.

[185] Johannessen, J. – A., Olsen, B. The future of value creation and in-novations: Aspects of a theory of value creation and innovation in a global knowl-edge economy [J]. International Journal of Information Management, 2010, 30 (6): 502 – 511.

[186] Kafouros, M. I., Forsans, N. The role of open innovation in emerging economies: Do companies profit from the scientific knowledge of others? [J].

Journal of World Business, 2012, 47 (3): 362 – 370.

［187］Bercovitz, J. E., Feldman, M. P. Fishing upstream: Firm innovation strategy and university research alliances ［J］. Research Policy, 2007, 36 (7): 930 – 948.

［188］de Faria, P., Lima, F., Santos, R. Cooperation in innovation activities: The importance of partners ［J］. Research Policy, 2010, 39 (8): 1082 – 1092.

［189］Fjeldstad, Ø. D., Snow, C. C., Miles, R. E., Lettl, C. The architecture of collaboration ［J］. Strategic Management Journal, 2012, 33 (6): 734 – 750.

［190］Guan, J. C., Yam, R. C., Mok, C. K. Collaboration between industry and research institutes/universities on industrial innovation in Beijing, China ［J］. Technology Analysis & Strategic Management, 2005, 17 (3): 339 – 353.

［191］Porter, M. E. Towards a dynamic theory of strategy ［J］. Strategic Management Journal, 1991, 12 (S2): 95 – 117.

［192］Vega – Jurado, J., Gutiérrez – Gracia, A., Fernández-de – Lucio, I. Does external knowledge sourcing matter for innovation? Evidence from the Spanish manufacturing industry ［J］. Industrial and Corporate Change, 2009, 18 (4): 637 – 670.

［193］Zahra, S. A., Nielsen, A. P. Sources of capabilities, integration and technology commercialization ［J］. Strategic Management Journal, 2002, 23 (5): 377 – 398.

［194］郭爱芳, 陈劲. 科学学习和经验学习: 概念, 特征及理论意义 ［J］. 技术经济, 2012, 31 (6): 16 – 20.

［195］Mowery, D. C., Oxley, J. E., Silverman, B. S. Technological overlap and interfirm cooperation: implications for the resource-based view of the firm ［J］. Research Policy, 1998, 27 (5): 507 – 523.

［196］Muller, E., Zenker, A. Business services as actors of knowledge transformation: the role of KIBS in regional and national innovation systems ［J］. Research Policy, 2001, 30 (9): 1501 – 1516.

［197］马新安, 张列平, 冯芸. 供应链合作伙伴关系与合作伙伴选择 ［J］. 工业工程与管理, 2000, 4: 33 – 36.

［198］谢君, 胡容兵. 供应链的合作伙伴选择方法综述 ［J］. 价值工程,

2005，1：43－46.

[199] 郑文军，张旭梅，刘飞，张宗益，黄河. 虚拟企业合作伙伴评价体系及优化决策 [J]. 计算机集成制造系统，2000，6（5）：63－67.

[200] Chang，Y. C. Benefits of co-operation on innovative performance：evidence from integrated circuits and biotechnology firms in the UK and Taiwan [J]. R & D Management，2003，33（4）：425－437.

[201] Dussauge，P.，Garrette，B.，Mitchell，W. Learning from competing partners：outcomes and durations of scale and link alliances in Europe，North America and Asia [J]. Strategic Management Journal，2000，21（2）：99－126.

[202] 陈剑涛. 战略联盟的稳定与战略联盟合作伙伴的选择 [J]. 商业研究，2004，19（10）.

[203] 郭军灵. 技术联盟中合作伙伴的选择研究 [J]. 科研管理，2003，24（6）：109－113.

[204] Bonaccorsi，A.，Piccaluga，A. A theoretical framework for the evaluation of university-industry relationships [J]. R&D Management，2007，24（3）：229－247.

[205] Tsai，K.－H. Collaborative networks and product innovation performance：Toward a contingency perspective [J]. Research Policy，2009，38（5）：765－778.

[206] Osborn，R. N.，Baughn，C. C. Forms of interorganizational governance for multinational alliances [J]. Academy of Management Journal，1990，33（3）：503－519.

[207] Gulati，R. Social structure and alliance formation patterns：A longitudinal analysis [J]. Administrative science quarterly，1995，619－652.

[208] 陈劲，阳银娟. 企业知识伙伴的理论基础及内涵 [J]. 技术经济，2013，32（7）：1－3.

[209] 陈伟，张旭梅. 供应链伙伴特性，知识交易与创新绩效关系的实证研究 [J]. 科研管理，2011，32（11）.

[210] Bonaccorsi，A.，Lipparini，A. Strategic partnerships in new product development：an Italian case study [J]. Journal of product innovation management，1994，11（2）：134－145.

[211] Kessler，E. H. C.，A. K. Innovation speed：a conceptual model of context，antecedents，and outcomes [J]. Academy of Management Review，

1996, 21 (4): 1143 – 1191.

[212] Miotti, L., Sachwald, F. Co-operative R&D: why and with whom?: An integrated framework of analysis [J]. Research Policy, 2003, 32 (8): 1481 – 1499.

[213] Faems, D., Van Looy, B., Debackere, K. Interorganizational Collaboration and Innovation: Toward a Portfolio Approach [J]. Journal of product innovation management, 2005, 22 (3): 238 – 250.

[214] Granero, A. G., Vega – Jurado, J. External knowledge sourcing and innovation performance: The role of managerial practices [J]. knowledge acquisition, 2012, 52: 68 – 82.

[215] Dyer, J. H., Hatch, N. W. Relation-specific capabilities and barriers to knowledge transfers: creating advantage through network relationships [J]. Strategic Management Journal, 2006, 27 (8): 701 – 719.

[216] Martinez Sanchez, A., Pérez Pérez, M. Cooperation and the ability to minimize the time and cost of new product development within the Spanish automotive supplier industry [J]. Journal of product innovation management, 2003, 20 (1): 57 – 69.

[217] Ledwith, A., Coughlan, P. Splendid isolation: Does networking really increase new product success? [J]. Creativity and innovation management, 2005, 14 (4): 366 – 373.

[218] Belderbos, R., Carree, M., Lokshin, B. Cooperative R&D and firm performance [J]. Research Policy, 2004, 33 (10): 1477 – 1492.

[219] Johnsen, T. E. Supplier involvement in new product development and innovation: Taking stock and looking to the future [J]. Journal of Purchasing and Supply Management, 2009, 15 (3): 187 – 197.

[220] Brockhoff, K. Customers' perspectives of involvement in new product development [J]. International Journal of Technology Management, 2003, 26 (5): 464 – 481.

[221] Fritsch, M., Lukas, R. Who cooperates on R&D? [J]. Research Policy, 2001, 30 (2): 297 – 312.

[222] Gupta, A. Enterprise resource planning: the emerging organizational value systems [J]. Industrial Management & Data Systems, 2000, 100 (3): 114 – 118.

［223］ Von Hippel, E. Lead users: a source of novel product concepts ［J］. Management science, 1986, 32 (7): 791 – 805.

［224］ Atallah, G. Vertical R&D spillovers, cooperation, market structure, and innovation ［J］. Economics of Innovation and New Technology, 2002, 11 (3): 179 – 209.

［225］ Chatterji, A. K. , Fabrizio, K. R. Using users: When does external knowledge enhance corporate product innovation? ［J］. Strategic Management Journal, 2013.

［226］ Jeppesen, L. B. , Frederiksen, L. Why do users contribute to firm-hosted user communities? The case of computer-controlled music instruments ［J］. Organization science, 2006, 17 (1): 45 – 63.

［227］ Von Hippel, E. , Thomke, S. , Sonnack, M. Creating break-throughs at 3M ［J］. Harvard business review, 1999, 77: 47 – 57.

［228］ Jeppesen, L. B. , Molin, M. J. Consumers as co-developers: Learning and innovation outside the firm ［J］. Technology Analysis & Strategic Management, 2003, 15 (3): 363 – 383.

［229］ Piller, F. , Ihl, C. Open Innovation with Customers. Foundations, Competences and International Trends ［J］. Technology and Innovation Management Group. RWTH Aachen University, Germany, 2009.

［230］ Lööf, H. , Heshmati, A. Knowledge capital and performance heterogeneity: A firm-level innovation study ［J］. International Journal of Production Economics, 2002, 76 (1): 61 – 85.

［231］ Foss, N. J. , Laursen, K. , Pedersen, T. Linking customer interaction and innovation: The mediating role of new organizational practices ［J］. Organization science, 2011, 22 (4): 980 – 999.

［232］ Von Hippel, E. Democratizing innovation: the evolving phenomenon of user innovation ［J］. International Journal of Innovation Science, 2009, 1 (1): 29 – 40.

［233］ Bayona, C. , García – Marco, T. , Huerta, E. Firms' motivations for cooperative R&D: an empirical analysis of Spanish firms ［J］. Research Policy, 2001, 30 (8): 1289 – 1307.

［234］ Inkpen, A. C. , Pien, W. An examination of collaboration and knowledge transfer: China – Singapore Suzhou Industrial Park ［J］. Journal of Management Studies，2006，43（4）：779 – 811.

［235］Park，S. H.，Russo，M. V. When competition eclipses cooperation：An event history analysis of joint venture failure［J］. Management science，1996，42（6）：875 – 890.

［236］Arranz，N.，Fdez de Arroyabe，J. C. The choice of partners in R&D cooperation：An empirical analysis of Spanish firms［J］. Technovation，2008，28（1）：88 – 100.

［237］Ritala，P.，Hurmelinna – Laukkanen，P. What's in it for me? Creating and appropriating value in innovation-related coopetition［J］. Technovation，2009，29（12）：819 – 828.

［238］Link，A. N.，Scott，J. T. Universities as partners in US research joint ventures［J］. Research Policy，2005，34（3）：385 – 393.

［239］Nielsen，B. B. Synergies in strategic alliances：motivation and outcomes of complementary and synergistic knowledge networks［J］. Journal of Knowledge Management Practice，2002，3（2）：1 – 15.

［240］Osterloh，M.，Frey，B. S. Motivation，knowledge transfer，and organizational forms［J］. Organization science，2000，11（5）：538 – 550.

［241］Radas，S. Collaboration between industry and science：motivation factors，collaboration intensity and collaboration outcome［J］. Croatian Economic Survey，2006.（8）：11 – 31.

［242］郭斌. 知识经济下产学合作的模式，机制与绩效评价［M］. 科学出版社，2007.

［243］Hung，K. – P.，Chou，C. The impact of open innovation on firm performance：The moderating effects of internal R&D and environmental turbulence［J］. Technovation，2013，33（10）：368 – 380.

［244］Hemmert，M.，Oberländer，C. Technology and Innovation in Japan：Policy and Management for the Twenty First Century［M］. Routledge，2004.

［245］李正卫. 动态环境条件下的组织学习与企业绩效［D］. 博士学位论文［D］. 2003.

［246］Spencer，B. 2003. A study on building risk monitoring using wireless sensor network MICA mote. Paper presented at the First International Conference on Structural Health Monitoring and Intelligent Infrastructure，Japan［C］.

[247] Bozeman, B. Technology transfer and public policy: a review of research and theory [J]. Research Policy, 2000, 29 (4): 627 – 655.

[248] McMillan, G. S., Narin, F., Deeds, D. L. An analysis of the critical role of public science in innovation: the case of biotechnology [J]. Research Policy, 2000, 29 (1): 1 – 8.

[249] Vuola, O., Hameri, A. – P. Mutually benefiting joint innovation process between industry and big-science [J]. Technovation, 2006, 26 (1): 3 – 12.

[250] van der Sijde, P., David, F., Frederik, H., Carretero, M. R. 2014. University – Business Cooperation: A Tale of Two Logics, Moderne Konzepte des organisationalen Marketing: 145 – 160: Springer.

[251] Monjon, S., Waelbroeck, P. Assessing spillovers from universities to firms: evidence from French firm-level data [J]. International Journal of Industrial Organization, 2003, 21 (9): 1255 – 1270.

[252] Lööf, H., Heshmati, A. On the relationship between innovation and performance: a sensitivity analysis [J]. Economics of Innovation and New Technology, 2006, 15 (4 – 5): 317 – 344.

[253] Howells, J., Ramlogan, R., Cheng, S. – L. Universities in an open innovation system: a UK perspective [J]. International Journal of Entrepreneurial Behaviour & Research, 2012, 18 (4): 440 – 456.

[254] Ritter, T., Gemünden, H. G. Network competence: Its impact on innovation success and its antecedents [J]. Journal of Business Research, 2003, 56 (9): 745 – 755.

[255] Etzkowitz, H., Leydesdorff, L. The dynamics of innovation: from National Systems and "Mode 2" to a Triple Helix of university-industry-government relations [J]. Research policy, 2000, 29 (2): 109 – 123.

[256] 周春彦. 大学—产业—政府三螺旋创新模式——亨利·埃茨科维兹《三螺旋》评介 [J]. 自然辩证法研究, 2006, 22 (4): 75 – 77.

[257] Tran, Y., Hsuan, J., Mahnke, V. How do innovation intermediaries add value? Insight from new product development in fashion markets [J]. R&D Management, 2011, 41 (1): 80 – 91.

[258] Zhang, Y., Li, H. Innovation search of new ventures in a technology cluster: the role of ties with service intermediaries [J]. Strategic Management Jour-

nal，2010，31（1）：88－109.

［259］Shane，S.，Cable，D. Network ties，reputation，and the financing of new ventures ［J］. Management science，2002，48（3）：364－381.

［260］Dalziel，M. The impact of industry associations ［J］. INNOVATION：management，policy & practice，2006，8（3）：296－306.

［261］Dalziel，M. 2010. Why do innovation intermediaries exist. Paper presented at the Summer Conference ［C］.

［262］Jerez－Gomez，P.，Céspedes－Lorente，J.，Valle－Cabrera，R. Organizational learning capability：a proposal of measurement ［J］. Journal of Business Research，2005，58（6）：715－725.

［263］陈国权. 组织学习和学习型组织：概念，能力模型，测量及对绩效的影响 ［J］. 管理评论，2009，21（1）：107－116.

［264］李正锋，叶金福，蔡建峰. 组织学习能力与可持续竞争优势关系研究 ［J］. 软科学，2009，23（11）：20－24.

［265］Arora，A.，Gambardella，A. Complementarity and external linkages：the strategies of the large firms in biotechnology ［J］. The Journal of Industrial Economics，1990：361－379.

［266］Crossan，M. M.，Lane，H. W.，White，R. E. An organizational learning framework：from intuition to institution ［J］. Academy of management review，1999，24（3）：522－537.

［267］Easterby－Smith，M.，Crossan，M.，Nicolini，D. Organizational learning：debates past，present and future ［J］. Journal of Management Studies，2000，37（6）：783－796.

［268］Argyris，C.，Schon，D. Organizational learning：A theory of action approach ［J］. Reading，MA：Addision Wesley，1978.

［269］Hübner，S. Building a learning organization ［J］. Harvard business review，1995，75（5）：148.

［270］Argyris，C. Learning and teaching：A theory of action perspective ［J］. Journal of Management Education，1997，21（1）：9－26.

［271］陈国权，马萌. 组织学习的过程模型研究 ［J］. 管理科学学报，2000，3（3）：15－23.

［272］陈国权，郑红平. 组织学习影响因素，学习能力与绩效关系的实证研究 ［J］. 管理科学学报，2005，8（1）：48－61.

[273] 刘顺忠. 组织学习能力对新服务开发绩效的影响机制研究 [J]. 科学学研究, 2009, 27 (3): 411 - 417.

[274] 陈劲, 陈钰芬. 开放创新体系与企业技术创新资源配置 [J]. 科研管理, 2006, 27 (3): 1 - 8.

[275] Argote, L., Miron - Spektor, E. Organizational learning: From experience to knowledge [J]. Organization science, 2011, 22 (5): 1123 - 1137.

[276] Hsu, Y. - H., Fang, W. Intellectual capital and new product development performance: The mediating role of organizational learning capability [J]. Technological Forecasting and Social Change, 2009, 76 (5): 664 - 677.

[277] Gavetti, G., Levinthal, D. Looking forward and looking backward: Cognitive and experiential search [J]. Administrative science quarterly, 2000, 45 (1): 113 - 137.

[278] Helfat, C. E., Raubitschek, R. S. Product sequencing: co-evolution of knowledge, capabilities and products [J]. Strategic Management Journal, 2000, 21 (10 - 11): 961 - 979.

[279] Cross, R., Sproull, L. More than an answer: Information relationships for actionable knowledge [J]. Organization science, 2004, 15 (4): 446 - 462.

[280] Darr, E. D., Kurtzberg, T. R. An investigation of partner similarity dimensions on knowledge transfer [J]. Organizational behavior and human decision processes, 2000, 82 (1): 28 - 44.

[281] Zollo, M., Reuer, J. J. Experience spillovers across corporate development activities [J]. Organization science, 2010, 21 (6): 1195 - 1212.

[282] Song, M., Van Der Bij, H., Weggeman, M. Determinants of the Level of Knowledge Application: A Knowledge - Based and Information - Processing Perspective [J]. Journal of product innovation management, 2005, 22 (5): 430 - 444.

[283] Chang, D. R., Cho, H. Organizational memory influences new product success [J]. Journal of Business Research, 2008, 61 (1): 13 - 23.

[284] 陈劲, 王鹏飞. 选择性开放式创新——以中控集团为例 [J]. 软科学, 2011, 25 (2): 112 - 115.

[285] McKee, D. An organizational learning approach to product innovation [J]. Journal of product innovation management, 1992, 9 (3): 232 - 245.

［286］Wheelwright, S. C. , Clark, K. B. Competing through development capability in a manufacturing-based organization ［J］. Business Horizons, 1992, 35 (4): 29 – 43.

［287］Forrester, R. H. Capturing learning and applying knowledge: an investigation of the use of innovation teams in Japanese and American automotive firms ［J］. Journal of Business Research, 2000, 47 (1): 35 – 45.

［288］Yeung, A. C. , Lai, K. – h. , Yee, R. W. Organizational learning, innovativeness, and organizational performance: a qualitative investigation ［J］. International Journal of Production Research, 2007, 45 (11): 2459 – 2477.

［289］Weerawardena, J. , O'cass, A. , Julian, C. Does industry matter? Examining the role of industry structure and organizational learning in innovation and brand performance ［J］. Journal of Business Research, 2006, 59 (1): 37 – 45.

［290］Alegre, J. , Chiva, R. Assessing the impact of organizational learning capability on product innovation performance: An empirical test ［J］. Technovation, 2008, 28 (6): 315 – 326.

［291］周玉泉, 李垣. 组织学习, 能力与创新方式选择关系研究 ［J］. 科学学研究, 2006, 23 (4): 525 – 530.

［292］朱朝晖, 陈劲. 探索性学习与挖掘性学习及其平衡研究 ［J］. 外国经济与管理, 2008, 29 (10): 54 – 58.

［293］Argote, L. , McEvily, B. , Reagans, R. Managing knowledge in organizations: An integrative framework and review of emerging themes ［J］. Management science, 2003, 49 (4): 571 – 582.

［294］Lemon, M. , Sahota, P. S. Organizational culture as a knowledge repository for increased innovative capacity ［J］. Technovation, 2004, 24 (6): 483 – 498.

［295］Chiva, R. , Alegre, J. , Lapiedra, R. Measuring organisational learning capability among the workforce ［J］. International Journal of Manpower, 2007, 28 (3/4): 224 – 242.

［296］Lee, T. – S. , Tsai, H. – J. The effects of business operation mode on market orientation, learning orientation and innovativeness ［J］. Industrial Management & Data Systems, 2005, 105 (3): 325 – 348.

［297］Mavondo, F. T. , Chimhanzi, J. , Stewart, J. Learning orientation and market orientation: relationship with innovation, human resource practices and performance [J]. European Journal of Marketing, 2005, 39 (11/12): 1235 – 1263.

[298] Jiménez – Jiménez, D. , Sanz – Valle, R. Innovation, organizational learning, and performance [J]. Journal of Business Research, 2011, 64 (4): 408 – 417.

[299] Lavie, D. , Rosenkopf, L. Balancing exploration and exploitation in alliance formation [J]. Academy of Management Journal, 2006, 49 (4): 797 – 818.

[300] Holmqvist, M. A dynamic model of intra-and interorganizational learning [J]. Organization studies, 2003, 24 (1): 95 – 123.

[301] Levinthal, D. A. , March, J. G. The myopia of learning [J]. Strategic Management Journal, 1993, 14 (S2): 95 – 112.

[302] Miller, J. F. , Thomson, P. , Fogarty, T. 1997. Designing electronic circuits using evolutionary algorithms. arithmetic circuits: A case study [J]. Vol. 8: Wiley.

[303] Spaeth, S. , Stuermer, M. , Von Krogh, G. Enabling knowledge creation through outsiders: towards a push model of open innovation [J]. International Journal of Technology Management, 2010, 52 (3): 411 – 431.

[304] Pavitt, K. The process of innovation [M]. SPRU, 2003.

[305] Fleming, L. , Sorenson, O. Science as a map in technological search [J]. Strategic Management Journal, 2004, 25 (8 – 9): 909 – 928.

[306] Baldwin, J. R. , Hanel, P. Innovation and knowledge creation in an open economy: Canadian industry and international implications [M]. Cambridge: Cambridge University Press, 2003.

[307] Frost, J. , Vogel, R. Linking exploration and exploitation: How a think tank triggers a managerial innovation [J]. International Journal of Learning and Change, 2008, 3 (1): 75 – 91.

[308] Abbate, T. , Coppolino, R. , Schiavone, F. Linking Entities in Knowledge Transfer: The Innovation Intermediaries [J]. Journal of the Knowledge Economy, 2013, 4 (3): 233 – 243.

[309] Souitaris, V. External communication determinants of innovation in the context of a newly industrialised country: a comparison of objective and perceptual

results from Greece [J]. Technovation, 2001, 21 (1): 25 – 34.

[310] Doz, Y. L. The evolution of cooperation in strategic alliances: initial conditions or learning processes? [J]. Strategic Management Journal, 1996, 17 (S1): 55 – 83.

[311] Nonaka, I., Toyama, R., Nagata, A. A firm as a knowledge-creating entity: a new perspective on the theory of the firm [J]. Industrial and Corporate Change, 2000, 9 (1): 1 – 20.

[312] 孔翰宁, 张维迎, 奥赫贝. 2008. 商业模式——企业竞争优势的创新驱动力 [J]. 机械工业出版社.

[313] 罗伯特·艾克斯罗德. 1996. 对策中的制胜之道——合作的进化 [J]. 上海: 上海人民出版社.

[314] Tsai, K. – H., Tsai, M. – L., Wang, J. – C. Supplier collaboration and new product performance: a contingency model [J]. Industrial Management & Data Systems, 2012, 112 (2): 268 – 289.

[315] Link, A. N., Rees, J. Firm size, university based research, and the returns to R&D [J]. Small Business Economics, 1990, 2 (1): 25 – 31.

[316] Mansfield, E. Academic research and industrial innovation: An update of empirical findings [J]. Research Policy, 1997, 26 (7): 773 – 776.

[317] Beise, M., Stahl, H. Public research and industrial innovations in Germany [J]. Research Policy, 1999, 28 (4): 397 – 422.

[318] Markman, G. D., Siegel, D. S., Wright, M. Research and technology commercialization [J]. Journal of Management Studies, 2008, 45 (8): 1401 – 1423.

[319] Segarra – Blasco, A., Arauzo – Carod, J. – M. Sources of innovation and industry-university interaction: Evidence from Spanish firms [J]. Research Policy, 2008, 37 (8): 1283 – 1295.

[320] Carter, C. F., Williams, B. R. The characteristics of technically progressive firms [J]. The Journal of Industrial Economics, 1959, 7 (2): 87 – 104.

[321] Adner, R. The wide lens: A new strategy for innovation [M]. Portfolio, 2012.

[322] Cyert, R. M., March, J. G. A behavioral theory of the firm [J]. Englewood Cliffs, NJ, 1963, 2.

［323］ Bourgeois, L. J. On the measurement of organizational slack ［J］. Academy of management review, 1981, 6 (1): 29 - 39.

［324］ Nohria, N. , Gulati, R. Is slack good or bad for innovation? ［J］. Academy of Management Journal, 1996, 39 (5): 1245 - 1264.

［325］ Singh, J. V. Performance, slack, and risk taking in organizational decision making ［J］. Academy of Management Journal, 1986, 29 (3): 562 - 585.

［326］ Sharfman, M. P. , Wolf, G. , Chase, R. B. , Tansik, D. A. Antecedents of organizational slack ［J］. Academy of management review, 1988, 13 (4): 601 - 614.

［327］ Greve, H. R. A behavioral theory of R&D expenditures and innovations: Evidence from shipbuilding ［J］. Academy of Management Journal, 2003, 46 (6): 685 - 702.

［328］ 李剑力. 探索性创新, 开发性创新与企业绩效关系研究——基于冗余资源调节效应的实证分析 ［J］. 科学学研究, 2009, (9): 1418 - 1427.

［329］ Tan, J. , Peng, M. W. Organizational slack and firm performance during economic transitions: Two studies from an emerging economy ［J］. Strategic Management Journal, 2003, 24 (13): 1249 - 1263.

［330］ Voss, G. B. , Sirdeshmukh, D. , Voss, Z. G. The Effects of Slack Resources and Environmentalthreat on Product Exploration and Exploitation ［J］. Academy of Management Journal, 2008, 51 (1): 147 - 164.

［331］ Thompson, J. D. Organizations in Action: Social Science Bases of Administrative ［J］. 1967.

［332］ Kim, H. , Kim, H. , Lee, P. M. Ownership structure and the relationship between financial slack and R&D investments: Evidence from Korean firms ［J］. Organization science, 2008, 19 (3): 404 - 418.

［333］ Vanacker, T. , Collewaert, V. , Paeleman, I. The relationship between slack resources and the performance of entrepreneurial firms: The role of venture capital and angel investors ［J］. Journal of Management Studies, 2013.

［334］ Geiger, S. W. , Makri, M. Exploration and exploitation innovation processes: The role of organizational slack in R & D intensive firms ［J］. The Journal of High Technology Management Research, 2006, 17 (1): 97 - 108.

［335］ Huang, Y. - F. , Chen, C. - J. The impact of technological diversity and organizational slack on innovation ［J］. Technovation, 2010, 30 (7): 420 -

428.

［336］Perkmann, M., Walsh, K. University-industry relationships and open innovation: Towards a research agenda ［J］. International Journal of Management Reviews, 2007, 9 (4): 259 - 280.

［337］Perkmann, M., Walsh, K. 2010. 12. How firms source knowledge from universities: partnering versus contracting. Paper presented at the Creating Wealth from Knowledge: Meeting the Innovation Challenge ［C］.

［338］MacPherson, A. The role of producer service outsourcing in the innovation performance of New York State manufacturing firms ［J］. Annals of the Association of American Geographers, 1997, 87 (1): 52 - 71.

［339］Kale, P., Singh, H. Building firm capabilities through learning: the role of the alliance learning process in alliance capability and firm-level alliance success ［J］. Strategic Management Journal, 2007, 28 (10): 981 - 1000.

［340］Zollo, M., Winter, S. G. Deliberate learning and the evolution of dynamic capabilities ［J］. Organization science, 2002, 13 (3): 339 - 351.

［341］Cavusgil, S. T., Calantone, R. J., Zhao, Y. Tacit knowledge transfer and firm innovation capability ［J］. Journal of business & industrial marketing, 2003, 18 (1): 6 - 21.

［342］Miles, R., Snow, C., Miles, G. 2000. The Future. org—Published in LRP - Long Range Planning—The Journal of Strategic Management; 33/3 ［J］. June.

［343］Rothaermel, F. T., Thursby, M. University-incubator firm knowledge flows: assessing their impact on incubator firm performance ［J］. Research Policy, 2005, 34 (3): 305 - 320.

［344］Inkpen, A. C. Learning and collaboration: An examination of North American - Japanese joint ventures ［M］. National Library of Canada = Bibliothèque nationale du Canada, 1992.

［345］Ireland, R. D., Hitt, M. A., Vaidyanath, D. Alliance management as a source of competitive advantage ［J］. Journal of Management, 2002, 28 (3): 413 - 446.

［346］Belderbos, R., Carree, M., Lokshin, B. Complementarity in R&D cooperation strategies ［J］. Review of Industrial Organization, 2006, 28 (4): 401 - 426.

[347] Fontana, R., Geuna, A., Matt, M. Factors affecting university-industry R&D projects: The importance of searching, screening and signalling [J]. Research Policy, 2006, 35 (2): 309 – 323.

[348] Squire, B., Cousins, P. D., Brown, S. Cooperation and Knowledge Transfer within Buyer – Supplier Relationships: The Moderating Properties of Trust, Relationship Duration and Supplier Performance [J]. British Journal of Management, 2009, 20 (4): 461 – 477.

[349] Dyer, J., Nobeoka, K. Creating and managing a high performance knowledge-sharing network: the Toyota case [J]. 2002.

[350] Mowery, D. C., Oxley, J. E., Silverman, B. S. Strategic alliances and interfirm knowledge transfer [J]. Strategic Management Journal, 1996, 17 (S2): 77 – 91.

[351] Inkpen, A. C., Tsang, E. W. Social capital, networks, and knowledge transfer [J]. Academy of management review, 2005, 30 (1): 146 – 165.

[352] Meyer – Krahmer, F., Schmoch, U. Science-based technologies: university-industry interactions in four fields [J]. Research Policy, 1998, 27 (8): 835 – 851.

[353] Hansen, M. Collaboration: How leaders avoid the traps, build common ground, and reap big results [M]. Harvard Business Press, 2013.

[354] Nickerson, J. A., Zenger, T. R. A knowledge-based theory of the firm—The problem-solving perspective [J]. Organization science, 2004, 15 (6): 617 – 632.

[355] Granero, A. G., Vega – Jurado, J. External Knowledge Sourcing And Innovation Performance: The Role Of Managerial Practices [J]. knowledge acquisition, 2012, 52 (1): 68 – 82.

[356] Van Wijk, R., Jansen, J. J., Lyles, M. A. Inter-and Intra – Organizational Knowledge Transfer: A Meta – Analytic Review and Assessment of its Antecedents and Consequences [J]. Journal of Management Studies, 2008, 45 (4): 830 – 853.

[357] Dhanaraj, C., Lyles, M. A., Steensma, H. K., Tihanyi, L. Managing tacit and explicit knowledge transfer in IJVs: the role of relational embeddedness and the impact on performance [J]. Journal of International Business Studies, 2004, 35 (5): 428 – 442.

［358］Gilbert, M., Cordey – Hayes, M. Understanding the process of knowledge transfer to achieve successful technological innovation ［J］. Technovation, 1996, 16 (6): 301 – 312.

［359］Hansen, M. T. Knowledge networks: Explaining effective knowledge sharing in multiunit companies ［J］. Organization science, 2002, 13 (3): 232 – 248.

［360］Steensma, H. K., Lyles, M. A. Explaining IJV survival in a transitional economy through social exchange and knowledge-based perspectives ［J］. Strategic Management Journal, 2000, 21 (8): 831 – 851.

［361］Tsai, W. Knowledge transfer in intraorganizational networks: Effects of network position and absorptive capacity on business unit innovation and performance ［J］. Academy of Management Journal, 2001, 44 (5): 996 – 1004.

［362］Jansen, J. J., Volberda, H., Van Den Bosch, F. A. Exploratory innovation, exploitative innovation, and ambidexterity: The impact of environmental and organizational antecedents ［J］. Schmalenbach Business Review, 2005, 57: 351 – 363.

［363］Yli – Renko, H., Autio, E., Sapienza, H. J. Social capital, knowledge acquisition, and knowledge exploitation in young technology-based firms ［J］. Strategic Management Journal, 2001, 22 (6 – 7): 587 – 613.

［364］Gübeli, M. H., Doloreux, D. An empirical study of university spin-off development ［J］. European Journal of Innovation Management, 2005, 8 (3): 269 – 282.

［365］Narin, F., Hamilton, K. S., Olivastro, D. The increasing linkage between US technology and public science ［J］. Research Policy, 1997, 26 (3): 317 – 330.

［366］Arza, V. Channels, benefits and risks of public—private interactions for knowledge transfer: conceptual framework inspired by Latin America ［J］. Science and Public Policy, 2010, 37 (7): 473 – 484.

［367］Steensma, H. K., Corley, K. G. On the performance of technology-sourcing partnerships: the interaction between partner interdependence and technology attributes ［J］. Academy of Management Journal, 2000, 43 (6): 1045 – 1067.

［368］Lee, C., Lee, K., Pennings, J. M. Internal capabilities, external networks, and performance: a study on technology-based ventures [J]. Strategic Management Journal, 2001, 22 (6 – 7): 615 – 640.

[369] Nieto, M. J., Santamaría, L. Technological Collaboration: Bridging the Innovation Gap between Small and Large Firms [J]. Journal of Small Business Management, 2010, 48 (1): 44 – 69.

[370] Jensen, M. B., Johnson, B., Lorenz, E., Lundvall, B. Å. Forms of knowledge and modes of innovation [J]. Research Policy, 2007, 36 (5): 680 – 693.

[371] Tsai, K. – H., Wang, J. – C. External technology sourcing and innovation performance in LMT sectors: An analysis based on the Taiwanese Technological Innovation Survey [J]. Research Policy, 2009, 38 (3): 518 – 526.

[372] McGahan, A. M., Porter, M. E. How much does industry matter, really? [J]. 1997.

[373] Veugelers, R. Internal R & D expenditures and external technology sourcing [J]. Research Policy, 1997, 26 (3): 303 – 315.

[374] Henderson, R., Cockburn, I. Measuring competence? Exploring firm effects in pharmaceutical research [J]. Strategic Management Journal, 1994, 15 (S1): 63 – 84.

[375] 吴明隆. 结构方程模型: AMOS 的操作与应用 [M]. 重庆大学出版社, 2009.

[376] 温忠麟, 侯杰泰, 张雷. 调节效应与中介效应的比较和应用 [J]. 心理学报, 2005, 37 (2): 268 – 274.

[377] Mansfield, E., Lee, J. – Y. The modern university: contributor to industrial innovation and recipient of industrial R&D support [J]. Research Policy, 1996, 25 (7): 1047 – 1058.

[378] Veugelers, R., Cassiman, B. R&D cooperation between firms and universities. Some empirical evidence from Belgian manufacturing [J]. International Journal of Industrial Organization, 2005, 23 (5): 355 – 379.

[379] Perkmann, M., Walsh, K. Engaging the scholar: Three types of academic consulting and their impact on universities and industry [J]. Research Policy, 2008, 37 (10): 1884 – 1891.

[380] Bellandi, M. Industrial clusters and districts in the new economy: some perspectives and cases [J]. Urban and regional prosperity in a globalised new

economy，2003：196 – 219.

［381］Williamson，O. E. Transaction cost economics：The comparative contracting perspective ［J］. Journal of economic behavior & organization，1987，8 （4）：617 – 625.

［382］Dekker，H. C. ，Van den Abbeele，A. Organizational learning and interfirm control：The effects of partner search and prior exchange experiences ［J］. Organization science，2010，21 （6）：1233 – 1250.

［383］Lumineau，F. ，Frechet，M. ，Puthod，D. An organizational learning perspective on the contracting process ［J］. Strategic Organization，2011，9 （1）：8 – 32.

［384］Niesten，E. ，Jolink，A. The Impact of Alliance Management Capabilities on Alliance Attributes and Performance：A Literature Review ［J］. International Journal of Management Reviews，2014.

［385］Heimeriks，K. H. ，Duysters，G. Alliance capability as a mediator between experience and alliance performance：An empirical investigation into the alliance capability development process ［J］. Journal of Management Studies，2007，44 （1）：25 – 49.

［386］Ryall，M. D. ，Sampson，R. C. Formal contracts in the presence of relational enforcement mechanisms：Evidence from technology development projects ［J］. Management science，2009，55 （6）：906 – 925.

［387］Sampson，R. C. Experience effects and collaborative returns in R&D alliances ［J］. Strategic Management Journal，2005，26 （11）：1009 – 1031.

［388］Vanneste，B. S. ，Puranam，P. Repeated interactions and contractual detail：Identifying the learning effect ［J］. Organization science，2010，21 （1）：186 – 201.

［389］de Leeuw，T. ，Lokshin，B. ，Duysters，G. Returns to alliance portfolio diversity：The relative effects of partner diversity on firm's innovative performance and productivity ［J］. Journal of Business Research，2014.

［390］Duysters，G. ，Heimeriks，K. H. ，Lokshin，B. ，Meijer，E. ，Sabidussi，A. Do Firms Learn to Manage Alliance Portfolio Diversity? The Diversity – Performance Relationship and the Moderating Effects of Experience and Capability ［J］. European Management Review，2012，9 （3）：139 – 152.

［391］Furman，J. L. ，Porter，M. E. ，Stern，S. The determinants of national innovative capacity [J]. Research Policy, 2002, 31 (6): 899 –933.

[392] Feller J. , Hirvensalo, A. , Smeds, R. Inter-partner process learning in collaborative R&D—a case study from the telecommunications industry [J]. Production Planning & Control, 2005, 16 (4): 388 –395.